搭火車玩雪梨

8條市鐵線自遊筆記

文‧攝影—蕭婷瑋

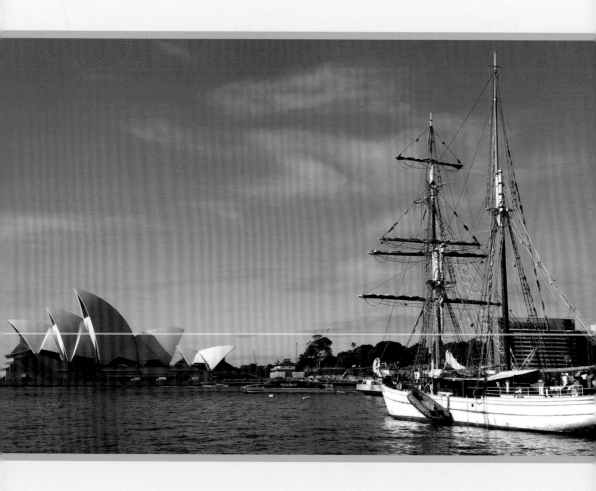

目錄

CH1

T1 North Shore, Northern & Western Line

CH2

T2 Inner West & Leppington Line

CH3

T3 Bankstown Line
T4 Eastern Suburbs & Illawarra Line

CH4

T5 Cumberland Line

CH5

T6 Carlingford Line   T7 Olympic Park Line
T8 Airport & South Line

CH6

Light Rail 輕軌電車線

CH7

Blue Mountains Line 藍山線

附錄

沒有火車也一定要去

獻給喜歡獨自旅行的你

當初隻身一人來到雪梨，也許是一個人的關係，結識了不少當地的朋友。他們知道我喜歡旅遊，陸續介紹一些雪梨在地人的口袋名單餐廳，以及在旅遊書上找不到的私房景點給我，讓我對雪梨有了不同視角的認識。

雪梨是個擁有多元文化的城市，走在街道上相當輕鬆自在。基於歷史背景，以及來自世界各地民族的融合，大家面對各種不同的文化早已習以為常。當地朋友說，很多國際巨星喜歡到雪梨旅遊，因為走在路上也不會受到打擾。

平時喜歡拍照紀念生活一切的我，在雪梨生活的這幾年，不知不覺蒐集了好多的資料和照片，所以決定整理給想去雪梨旅遊的朋友。本書介紹的都是我親自走過的旅程，各位讀者可以從中選擇喜好再加入自己發掘的新景點，相信這樣一定可以讓自己的旅程更豐富。

出發前先了解雪梨二三事

如何從機場抵達雪梨市區

要從機場到市區，最方便的是搭乘 T8。下飛機出境的時候只要跟著「Train」火車的指標走，就可以抵達雪梨「International Airport」站（火車站的其中一站）。

到達雪梨站入口大廳可於售票櫃檯或售票機購票。我建議最好的方式是直接買一張 Opal Card。這張卡就像臺灣的悠遊卡一樣，除了搭乘大眾運輸工具（火車、公車、渡輪）有優惠之外，也是移動最方便的選擇。

暢遊雪梨靠 Opal Card

Opal 卡在機場就可以買。購買地點是入境大廳地下 Store 1065「WHSmith」文具店。實際上，Opal Card 本身是免費的，但需要儲值才能使用，提醒大家記得請櫃臺儲值金額。

在雪梨購買 Opal 卡相當容易，大型超市（woolworths & coles）、便利商店（7-11）都可以購買。

Opal 卡在 2016 年 8 月後全面使用感應卡，在這之前使用的是紙張票卡。紙卡共有 10 格，每搭一次公車，司機都會拿筆劃掉一格，順便與乘客互相寒暄一番。自從漸漸改成感應卡後，上下車速度變快，互動卻減少了許多。啊，我還是挺想念以「互道早安，聊聊今天行程」為一天開始的美好時光。

01 Opal 卡成人卡
02 市中心的街頭也有專門販售雪梨各式票券，路過可以詢問一下

雪梨大眾交通工具

雪梨交通網絡基本上由火車、輕軌、渡輪與公車組成,這些系統可以帶你到重要的觀光景點。

種類	圖示	介紹
火車 Train	T	依路線延伸之遠近,目前有二:Sydney Train 和 Intercity Trian。 • Sydney Train 分布範圍廣泛,像是臺灣的捷運。共八條路線,能抵達著名的雪梨歌劇院、雪梨大橋、雪梨機場等。 • Intercity Trian 就是新州鐵路,負責雪梨以外的路線,包括 NSW 遠郊線及城際線,像是布里斯本、坎培拉、墨爾本等。 • 雪梨火車大約 2 至 3 分鐘就會抵達下一站。
公車 Bus	B	• https://transportnsw.info/routes/bus 直接輸入公車號碼,就能知道此公車的路線及時刻表。 • 在一些特殊節日,公車通常都會提早休息,一定要注意當天的時刻表!
渡輪 Ferry	F	共 8 條路線,主要是抵達一些重要景點像是 Manly、Taronga Zoo、Parramatta Station、Mosman Bay、Double Bay、Cockatoo Island 等。
輕軌 Light Rail	L	目前只有一條線,走的是城市最主要觀光路線。

在澳洲遊玩準時很重要

由於澳洲的大眾運輸相當準時,時間確認後就可以放心地遊玩。因此要記得準時,以免錯過班車。另外,Opal 卡每週日無論搭乘多少次都只扣款一次的福利,也別忘了好好利用哦!

在雪梨機場內有 OPTUS,它是澳洲很大的通訊行,如果有需要可以在這裡先處理好通訊的問題。

想要查詢各系統站別和路線,可以上 NSW 官網,網址如下:https://transportnsw.info/routes/train

雪梨，澳洲最大都市

雪梨不是澳洲的首都，但它是澳洲最大的都市。雪梨擁有 5 個最重要的外環商業區，包括南部的好市圍（Hurstville）、中西面的帕拉馬塔（Parramatta），西面的布萊克敦（Blacktown)、西南面的利物浦（Liverpool）、北面的車士活（Chatswood），以及位於雪梨港以北的北雪梨（North Sydney）。

雪梨就是悉尼，悉尼等於雪梨

在澳洲當地，雪梨市政府將「雪梨」作為繁體中文標準譯名，將「悉尼」作為簡體中文標準譯名。由於中國定居人數眾多，所以路上所見都是「悉尼」。

在雪梨的日常生活，有些店家選擇星期一關店休息，星期二、三正常營業、星期四、五、六則是營業時間會到比較晚，而星期日通常提早打烊，班車也會提早結束。

George St 是認識雪梨的一條好街

初來乍到雪梨，有一條街道你一定要認識—George St。它是市中心一條很長的主要街道，也是你散步認識雪梨的一個好起點。

沿著 George St 景點順序如下：Circular Quay Station 雪梨歌劇院（旁邊就是雪梨大橋）→ Martin Place Station → Town Hall Station 維多利亞女王大廈→ Central Station 中國城。只要找到 George St 這條街道，好好認識沿途重要的景點，也就差不多等於把雪梨摸透一半。

原則上，雪梨的治安非常好，大家都是和善有禮的。唯有一站布萊克敦站（Blacktown Station）需要提高警覺點，建議最好早上過去或是放棄步行，選擇搭乘其他交通工具比較合適。

在雪梨過馬路需要按這顆按鈕

雪梨人瘋橄欖球

　　提到體育發展，或許很多人想到的是美國 NBA、大聯盟、歐足，其實澳洲也算是世界上體育發展最全能的國家之一，他們靠板球和橄欖球所贏得的世界盃可不少！

　　來到澳洲若想要抓住機會和當地居民聊天，你可以試試聊聊橄欖球。在雪梨很多人對橄欖球抱持著高度興趣，例如全國橄欖球聯賽（National Rugby League，NRL）。每每到了賽季，雪梨市民都會熱烈地觀賞球賽，如果你也想在澳洲一起為了賽事而瘋狂，可以好好研究，相信很快你就因為跟他們擁有共同話題，而快速地融入雪梨人的生活圈。

澳洲的另一個橄欖球聯盟 AFL

　　澳洲另外有一個橄欖球職業聯盟，叫做 AFL（Australian Football League），比賽方式、規則與踢法和 NRL 不同，如果兩種賽事你都能聊聊，那你可以很快的走進他們的生活，參與他們的文化。

澳大利亞國家橄欖球聯盟球隊 (Australian Wallabies) 是國際級的比賽隊伍

T1

North Shore, Northern &
Western Line

雪梨市鐵 T1 線，是一條包含了最多主要區域的線。雪梨最大交通樞紐站——中央車站就在這條線上。其他諸如觀光客絕不能錯過的百年百貨公司——維多利亞女王大廈、雪梨月神公園等，T1 都可以帶你前往。

01 雪梨港灣城市的魅力永遠看不膩
02 植生牆綠色建築很搶眼
03 漫步在雪梨大橋上很美妙
04 日本正宗拉麵
05 雪梨市中心街上的裝置藝術

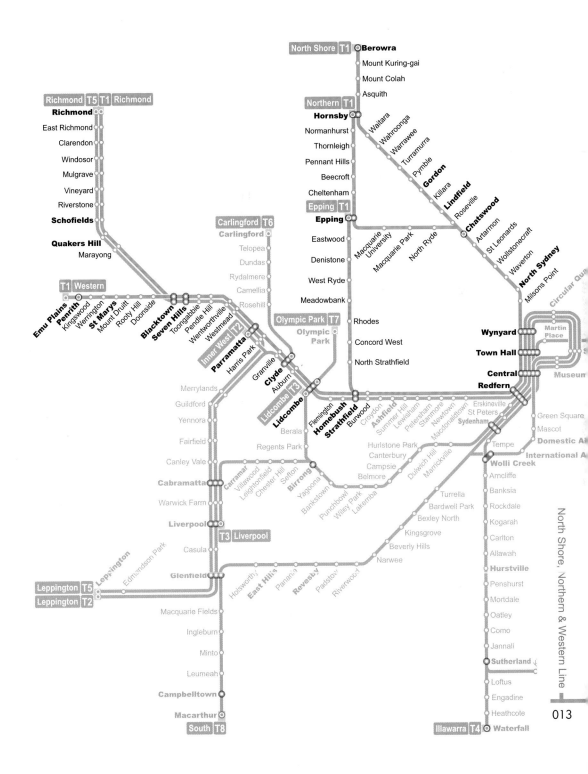

Richmond | T5 | T1 | Richmond
Richmond
East Richmond
Clarendon
Windsor
Mulgrave
Vineyard
Riverstone
Schofields
Quakers Hill
Marayong

North Shore | T1 | Berowra
Mount Kuring-gai
Mount Colah
Asquith

Northern | T1
Hornsby
Normanhurst
Thornleigh
Pennant Hills
Beecroft
Cheltenham

Epping | T1
Epping
Eastwood
Denistone
West Ryde
Meadowbank
Rhodes
Concord West
North Strathfield

Waitara
Wahroonga
Warrawee
Turramurra
Pymble
Gordon
Killara
Lindfield
Roseville
Chatswood
Artarmon
St Leonards
Wollstonecraft
Waverton
North Sydney
Milsons Point

Circular Qu

Macquarie University
Macquarie Park
North Ryde

Carlingford | T6
Carlingford
Telopea
Dundas
Rydalmere
Camellia
Rosehill

T1 | Western
Emu Plains **Penrith**
Kingswood Werrington
Mount Druitt Rooty Hill
St Marys Doonside
Blacktown
Seven Hills
Toongabbie
Pendle Hill
Wentworthville
Westmead
Inner West | T2
Parramatta
Harris Park

Olympic Park | T7
Olympic Park

Granville
Clyde
Auburn
Lidcombe | T3
Lidcombe
Flemington
Homebush
Strathfield
Burwood
Croydon
Ashfield
Summer Hill
Lewisham
Petersham
Stanmore
Newtown
Macdonaldtown
Erskineville
St Peters
Sydenham

Wynyard
Town Hall
Martin Place
Central
Redfern
Museum

Merrylands
Guildford
Yennora
Fairfield
Canley Vale
Cabramatta
Warwick Farm
Liverpool
Casula
Carramar
Villawood
Leightonfield
Chester Hill
Sefton
Birrong
Yagoona
Bankstown
Punchbowl
Wiley Park
Lakemba
Regents Park
Berala

Hurlstone Park
Canterbury
Campsie
Belmore

Dulwich Hill
Marrickville

Green Square
Mascot
Domestic Ai
International A

Tempe
Wolli Creek
Arncliffe
Banksia
Rockdale
Kogarah
Carlton
Allawah
Hurstville
Penshurst
Mortdale
Oatley
Como
Jannali
Sutherland
Loftus
Engadine
Heathcote

Turrella
Bardwell Park
Bexley North
Kingsgrove
Beverly Hills
Narwee

T3 | Liverpool

Leppington | T5
Leppington | T2
Leppington
Edmondson Park
Glenfield
Holsworthy
East Hills
Panania
Revesby
Padstow
Riverwood

Macquarie Fields
Ingleburn
Minto
Leumeah
Campbelltown
Macarthur
South | T8

Illawarra | T4 | **Waterfall**

North Shore, Northern & Western Line

中央車站（Central Station）

中央車站，雪梨最大交通樞紐站，共有 27 個月台，可以通往新南威爾斯州（New South Wales）各地。若是想要前往澳洲其他各大城市，諸如 Brisbane（布里斯本）、Melbourne（墨爾本）、Perth（伯斯）等，也都在這裡搭車。

 ## Wake Up! Sydney ‖ T1

地址：509 Pitt St, Sydney ／電話：+61 2 9288 7888 ／網站：wakeup.com.au ／房型：4、6、8、10 人混合一間房／價位：一晚 42～50 澳幣，約臺幣 930～1100 元／交通：從中央車站步行 3 分鐘

中央車站是很多旅客住宿首選的地方，除了鄰近市中心外，還可享有較經濟實惠的住房價格。Wake Up! Sydney 這間飯店的地理位置很好，從中央車站步行 3 分鐘就到，內部乾淨俐落還有免費的 WiFi 可供使用。24 小時 Check-in 的服務相當方便，飯店內還有一間 Roy's Café 咖啡廳，每天早上 7 點開始營業，供應早餐、午餐、晚餐和飲品，星期一到星期天，天天服務不打烊。

 ## Sydney Central YHA ‖ T1

地址：11 Rawson Place Corner of Pitt St and, Rawson Pl, Sydney NSW 2000 ／電話：+61 2 9218 9000 ／網站：yha.com.au ／房型：4、5、6、8 人混合一間房／價位：一晚價位為 34～42 澳幣，約臺幣 750～930 元／交通：從中央車站步行 4 分鐘

中央車站周遭自然不乏四星級、五星級飯店，但其實雪梨有不少平價且 CP 值高的背包客棧，Sydney Central YHA 就是。它是一間青年旅舍，但一點也不陽春。不僅有公共廚房，還有烤肉設施、頂樓游泳池等。房間簡單乾淨，當然免費的 WiFi 也沒有缺。來到這裡可以和許多不同國家的旅客玩在一起，享受並分享旅遊的共同回憶，從中央車站步行 4 分鐘就到囉！

> 交通：T1 中央車站大門口左轉，約 3 分鐘路程，或輕軌 Paddy's Market Station（帕迪市場站）

　　中國城（China Town）離中央車站非常近，出火車站後左轉沿著人行道走，會經過停車場，繞出去就可以看到對面熱鬧的街景，過馬路往裡面走約 3 分鐘即可抵達。

　　倘若吃不慣西式餐點，或者想念中式餐點時，不妨來到中國城四處走走。這裡有很多中式餐廳，可以讓你大塊朵頤。也有大型紀念品市場（Paddy's Haymarket），滿足你購物需求。最後，除了中式餐點之外，在中國城我個人很推薦泰式料理 ChatThai，必吃！

 Central Park Mall（中央公園購物中心） ‖ T1

> 地址：28 Broadway, Chippendale NSW 2008 ／電話：+61 2 8096 9900 ／交通：從中央車站步行約 8 分鐘

　　離中央車站步行約 8 分鐘的中央公園購物中心（Central Park Mall），從外觀上來看整個被植物覆蓋，很酷！目前世界最高植生牆就在這！

　　此外，中央公園購物中心還有另一個受矚目的亮點，那就是懸浮在 29 層樓高的空中花園。

　　在繁忙熱鬧寸土寸金的城市中，能看到綠色植物是很美好且享受的。我覺得用建築物設計搭配出植物的花園真是個非常棒的主意！

中央公園購物中心是法國建築大師 Jean Nouvel 在澳洲的第一件作品。空中花園由法國植物專家 Patrick Blanc 擔任設計師

市政廳站（Town Hall Station）

市政廳站是雪梨第二繁忙的火車站，它有幾個出入口，其中一個在維多利亞女王大廈（QVB）地下一樓。由於 QVB 太美、商店太好逛，我總會順便先逛逛再從 QVB 地下一樓前往市政廳站。

遊 Queen Victoria Building（維多利亞女王大廈）∥ T1

> 地址：455 George St, Sydney NSW 2000 ／電話：+61 2 9265 6800 ／網站：qvb.com.au ／時間：星期一至星期三及星期五 09:00-18:00；星期四 09:00-21:00；星期六 10:00-16:00；星期日 11:00-16:00
> 交通：市政廳站樓上

維多利亞女王大廈（Queen Victoria Building，QVB）從 19 世紀起就矗立在雪梨市中心。它由 George McRae 所設計，是一棟羅馬式建築，主要的特徵是雄偉的中心圓頂。

QVB 建築內部有著細緻的玻璃圓頂、拱門、欄杆、柱子、錯綜複雜的瓷磚地板以及輝煌的彩色玻璃窗。

對我而言，維多利亞女王大廈這一棟百年建築本身就像是一件值得細細品味的藝術品，每次前往市政廳站總忍不住在這逗留一會。

01

02

01 雄偉的維多利亞女王大廈
02 QVB 地下一樓的 Town Hall 站

維多利亞女王大廈歷史

「維多利亞女王大廈」所在地,在1810年曾被當時的州長Macquarie指定用來規劃設置市場。在1820年蓋了一棟兩層樓建築並交由Greenway's公司開設農產市場。八年後,政府將Greenway's市場收回,預備作為中央警察法庭用地,但最後還是規劃為市場廣場。

市場廣場規劃一直延宕到1887年才開始進行,1893年終於拍板定案,確認了城市建築師設計的音樂廳、商店、住宅酒店等規劃,並從四種QVB外牆設計當中選擇了羅馬式設計。之後隨即開始如火如荼動工。

四年後的1897年,市場委員會將其命為「維多利亞女王市場」。隔年(1898年)7月21日正式開幕,二十年後,也就是1918年,該市場名稱正式更改為「維多利亞女王大廈」,遂一直沿用至今。

QVB 不可錯過之一:百年電梯

美輪美奐的 QVB 有幾項具有歷史意義的設備不能錯過,其一是百年電梯。記得我在搭乘時,感覺電梯的開關和升降速度都非地緩慢,不禁覺得好笑,心想若用走的在門沒關好之前,都已經走到樓下去了。不過體驗是一定要的!

我們現在看到的大樓及電梯都是 80 年代翻新後的模樣。它一共經歷了三次更新,在 19 世紀末期,使用的是液壓升降機,主要用來運輸動物及農產品。到了 20 世紀初為了乘載日益增多的人,升級為電動馬達籠式升降機。最後才是現在的老電梯。如果有機會到 QVB,不妨搭乘一下這擁有百年歷史的電梯。

QVB 具有百年歷史的電梯

QVB 不可錯過之二：大吊鐘

維多利亞大廈（Queen Victoria Building, QVB）的內部比外觀華麗許多。在其兩側的中庭各有一座大吊鐘（The Royal Clock & The Great Australian Clock），其中又以 The Great Australian Clock 最吸睛。它重達 4 噸，高 10 公尺。由時鐘專家製造商、歷史學家以及當地原住民花了 4 年的時間建造而成。時鐘的畫作、畫面和 130 多個手工雕刻小雕像，分別是由歐洲及原住民的角度來描述澳洲的歷史故事。大吊鐘的中間有幾圈圓盤時鐘，巧妙地表達時間。我覺得這個據稱世界上最大的懸掛式動畫砲塔鐘真是一件美麗的藝術品，路過的時候不妨駐足欣賞。

QVB 不可錯過之三：花窗玻璃

QVB 內使用了很多花窗玻璃（Stained Glass），日光灑落時顯得璀璨生輝。花窗玻璃設計讓建築內部擁有大量的自然光，感覺分外悠閒自在。在夜晚欣賞時，彩色的光芒也是氣象萬千。

花窗玻璃在西方國家使用廣泛，尤其是教堂內。在臺灣也有幾間公司在製做花窗玻璃，可惜為數不多。很希望花窗玻璃在臺灣也能普及，讓室內設計和家具多增添一些美麗的色彩。

01

02

01 The Great Australian Clock
02 QVB 奪目耀眼的花窗玻璃

QVB 不可錯過之四：HelenKaminski 手工編織帽

位於 QVB 內的 Helen Kaminski 手工編織帽，在臺灣、日本、法國、英國、美國、韓國等國也設有精品專櫃。由於是澳洲的品牌，所以售價比在臺灣、日本都還低，款式也較多，很多日本人都會特地來此採購。我很喜歡品牌創始人 Helen Kaminski 風格獨特的帽子，豐富的設計感還有許多貼近人心的小地方，是富有時尚感的手工藝品。

QVB 有意思的周邊之一：青銅雕塑狗和許願池

QVB 正門口有一座維多利亞女王雕像，在另外一側有一隻青銅雕塑狗和許願池。這隻狗名叫 Islay，是維多利亞女王最喜歡的寵物，聽聞牠總是會坐起來並乞求主人給牠一些餅乾。而今 QVB 門口前的 Islay 依然在乞求，不過牠乞求的不是餅乾，而是硬幣。Islay 是為了慈善機構而存在，這裡每天會不斷播放著關於愛和奉獻的小故事，希望路過的人能幫助新南威爾斯州失聰與失明的小孩。

QVB 有意思的周邊之二：街頭藝術裝置

QVB 緊鄰重要道路，George St、Market St、York St 和 Druitt St，周邊熱鬧且繁忙。最重要的 George St 兩邊道路分別通往雪梨歌劇院和中央車站。

我們都知道，大型公共街頭的藝術裝置通常會出現在重要景點，當然也包含了 QVB。2013 年裝置藝術的主題是「蝸牛」，巨型霓虹蝸牛雕塑由再生塑料製成。活動主要在鼓勵創造，讓材料可以更持續地使用，順便提倡環境及生態意識的重要性。

Islay 青銅像

QVB 我在雪梨最想念的一棟建築物

QVB 是我在雪梨生活後最想念的一棟建築物。QVB 內有各家品牌專賣店、各式商店、餐廳和咖啡店進駐。搭火車前，來這麼一杯咖啡，配上沿途美景，真是愜意的旅程。

Sydney Town Hall（雪梨市政廳）

地址：483 George St, Sydney NSW 2000 ／電話：+61 2 9265 9333 ／網站：sydneytownhall.com.au
時間：星期一至星期五 08:00-18:00 ／交通：出市政廳站後，步行約 1 分鐘

　　雪梨市政廳（Sydney Town Hall）位於維多利亞大廈對面，出市政廳站後步行約 1 分鐘。它建於 1886 年至 1890 年間，被視為澳大利亞重要的維多利亞式設計之一，是維多利亞時代建築的典範。

　　2013 年有天晚上要搭公車回家時，看到市政廳的門口好熱鬧，一問之下才知道原來是歌手楊宗緯的見面會，我二話不說立刻進去捧場。當時是我第一次踏入這棟美麗的建築物。

　　建築物內部相當的宏偉，挑高的天花板、金屬製欄杆、燈具、馬賽克地板及彩色玻璃窗裝飾等令我為之驚嘆。其中我最喜歡的是金屬製欄杆，非常有味道。

　　市政廳除了開放參觀，還可以預約舉行婚禮喔！此外，這棟建築內有一座非常美麗的音樂廳——百年紀念堂（Centennial Hall），內部有著最著名的管風琴（Grand Organ），1890 年安裝時是當時世界上最大的管風琴。它搭配著 12 根大理石柱子佇立在大廳的角落，加上設計很美的燈飾顯得富麗堂皇，有機會建議大家一定要進去欣賞一番。

　　由於參觀建築物內不同區域有著不同的時間。希望觀看建築物特定區域，建議透過 Fosth @cityofsydney.nsw.gov.au 聯繫預約參觀建築之旅。

相當有氣勢的雪梨市政廳

I' m Free Tours_ 免費旅行團

　　來雪梨想要用最短的時間了解它的歷史，建議你可以參加 I'm Free Tours，免費城市導覽。在雪梨市政廳附近就有一間喔！

　　I'm Free Tours 是 Walking Tour，也就是一步一腳印用走的來了解雪梨這個城市。介紹範圍為雪梨市中心，導覽團會帶遊客們旅遊雪梨市中心，並介紹當地景點的歷史文化、餐廳和酒吧，讓你可以很迅速地融入雪梨。

　　I'm Free Tours 目前有兩個區免費導覽，分別是市中心與岩石區。市中心這條線一天有兩場，分別是早上 10:30 與下午 14:30，從 Town Hall Square 出發，為期 3 小時。岩石區導覽則是每天晚上 18:00 從 CadmansCottage 出發，為期一個半小時。

　　想要知道更詳細的訊息，可以上 imfree.com.au。

地址：483 George St, Sydney NSW 2000
電話：+61 405 515 654
時間：市中心線：每日 10:30-13:30；14:30-17:30
　　　岩石區線：每日 18:00-19:30
門票：免費（但要給解說員小費）
網站：imfree.com.au

中央車站出站後旁的 Pitt St，一整排都是販售雪梨旅遊行程的旅行社。不知該如何安排行程，也可以來這裡問問，找找資料

溫亞站（Wynyard Station）

溫亞站是雪梨市中心的辦公商業區，也是到各個熱鬧重點區域的中間點。溫亞站周遭處處可見林立的辦公大樓，當然也常見西裝筆挺的上班族穿梭於其中。

 ## Di Lorenzo 咖啡廳　　　　　　　　　　　　　　‖ T1

地址：7 Hunter St, Sydney NSW 2000 ／電話：+61 2 9231 6493 ／網站：hunterconnection.com.au
時間：星期一至星期五 08:00-18:00 ／交通：出溫亞站後，步行 2 分鐘

由於溫亞站周遭有很多辦公大樓，因此有不少專門為上班族而開設的咖啡廳。其中 Di Lorenzo 義大利人沖泡的義式咖啡是我的最愛。每每到市中心我一定刻意在這下車並來此點一杯 Cappuccino，然後再開始我的美妙旅程。Mirage 咖啡機萃取出的 Espresso 讓油脂的香醇完全釋放，再和綿密的奶泡做完美的融合。咖啡香從鼻端沁到咽喉直暖到胃裡，每一口都是齒頰留香的饗宴。

Di Lorenzo 在 Hunter Connection 美食廣場內，溫亞站出站後，步行 2 分鐘即到達。美食廣場位於市中心 George St 與 Hunter St 交叉路口，進入商場後搭乘一個很小的手扶梯前往下一層（走樓梯也可以），靠右直走很快就可以找到。

Hunter Connection 美食廣場內還有美髮店、鐘錶、珠寶店以及各種亞洲料理的美食街等，外帶和內用都非常方便喔！

我最愛的咖啡，Di Lorenzo 義大利咖啡

Danes Specialty Coffee 咖啡廳

地址：171 Clarence St, Sydney NSW 2000 ／電話：+61 2 9810 8309 ／網站：danes.com.au ／時間：星期一至星期六 06:00-16:00；星期日公休／交通：出溫亞站後左轉，步行 3 分鐘

在雪梨，我心目中排名第二的咖啡是 DANES，它距離溫亞站只有 3 分鐘路程，出站後左轉（往市政廳站方向），走一下就到。這間咖啡店是在地好朋友介紹我去的，他認為 DANES 的咖啡全澳最棒。DANES 咖啡是丹麥特色咖啡，他們致力於採購全球最好的豆子、烘焙機、咖啡機……在 2018 年也得到多個獎項，有興趣的朋友可以上網站好好研究一下！

DANES 咖啡，我心目中的 No2

 ## Angel Place Birdcages（天使廣場鳥籠街）

地址：Angel Pl, Sydney NSW 2000 ／時間：24 小時／交通：出溫亞站站後，步行 5 分鐘

天使廣場鳥籠街 (Angel Place Birdcages)，位於溫亞站步行 5 分鐘的市中心街道上。

每次路過這條鳥籠街，都忍不住走進天使廣場停下腳步聆聽鳥鳴。雖然知道鳥籠內裡沒有真實的鳥兒，一陣陣鳥鳴聲來自於野生動物記錄員所錄製的歌曲（Forgotten Songs），但走在其中還是覺得有意思。有些已滅絕或正在受威脅的鳥類錄音，透過揚聲器全天候播放，藝術家除了要為城市注入新活力，也要提醒人類們強占動物棲地對氣候、環境所造成的影響。

夜晚中 Angel Place Birdcages 很美，旁邊也有一些露天餐廳，建議大家不妨找個夜晚，坐在露天餐廳的街道上，來點食物飲料和朋友聊聊天，並一同聆聽這些美妙的歌曲。

米爾森角站（Milsons Point Station）

米爾森角站位於市中心雪梨大橋的另一端，它左邊接往雪梨大橋階梯，右邊接往搭乘渡輪的碼頭和雪梨月神公園（Luna Park Sydney），也是人潮眾多的一站。

雪梨最受歡迎的停車場在這

米爾森角站出站的左邊，就是前往雪梨大橋的階梯。因此，不少想要一窺雪梨大橋真面貌的旅客，都不約而同選擇從這裡開始與大橋進行第一次親密接觸。

此外，每年跨年時，米爾森角站也會吸引許多人前來，那是因為跨年人潮總是眾多，大多數民眾會聚集在雪梨大橋下和植物園內，如果想避開人潮，又想就近看煙火，這時候米爾森角站就是個很好的選擇。

除了上述兩點之外，米爾森角站還有一個奇特現象——它是雪梨最受歡迎的停車場。由於在市中心找停車位不是一件容易的事，停車費也高，所以很多民眾都會選擇在這裡先停好車，再走上雪梨大橋散步到市中心。在散步的過程中，還可以從橋上欣賞到不同視野的雪梨港和歌劇院，同時省下了昂貴停車費，相當划算。

01 米爾森角站，出站後所看到的雪梨大橋
02 雪梨大橋人行步道

01 沿著步道走散步到市中心
02 從雪梨大橋可看到歌劇院
03 雪梨的海港風景，百看不膩

Luna Park Sydney（雪梨月神公園）

地址：1 Olympic Dr, Milsons Point NSW 2061／電話：+61 2 9922 6644／網站：lunapark.sydney／時間：星期一至星期四 10:00-18:00；星期五、星期六 10:00-23:00；星期日 10:00-21:00／交通：出米爾森角站後右轉，步行約 4 分鐘

雪梨唯一的海濱遊樂園

　　雪梨大橋的正後方就是著名的遊樂場雪梨月神公園(Luna Park Sydney)，是雪梨唯一的海濱遊樂園。雪梨月神公園交通很方便，出米爾森角站（Milsons Point Station）後右轉，步行約 4 分鐘即可抵達。

免費入場，搭乘遊樂設施另外收費

　　進入雪梨月神公園參觀是完全免費的，但如果要玩遊樂設施的話，門票從 20 ～ 52 澳幣不等，約臺幣 420 ～ 1100 元。費用取決於身高以及遊玩次數，最優惠的門票為無限次遊玩。

　　遊樂園內有許多好玩的遊樂設施，有老少咸宜的設施，也有專為小朋友規劃的兒童遊樂區，例如雲霄飛車、航空飛碟、鏡子迷宮、神祕莊園……。特別值得一提的是，月神公園內有一座 1930 年代的遊樂屋，名叫康尼島（Coney Island），八十多年來一直帶給大人、小孩很大的歡樂，甚至還會令大家玩到完全忘記時間。現今的它經過精心修復，持續提供服務中。

　　除了玩樂，夜晚樂園也是個適合約會的浪漫地方，內部餐廳 The Deck Sydney 在用餐的時候還可以飽覽雪梨歌劇院及雪梨大橋，欣賞雪梨港的秀麗景色。

BlueMonday 不 Blue

　　雪梨月神公園在藍色憂鬱星期一為了要讓大家 cheer up（打起精神），很貼心地有優惠票價。如果你只是遊客，那麼安排星期一去玩是很划算的哦！（優惠票使用內容規定詳情請至網站查詢）

　　另外，雪梨月神公園也會配合雪梨政府不同月份舉行不同活動，像是戶外電影院及一年一度雪梨重要的繽紛雪梨燈光音樂節（Vivid Sydney）等。另外也有專門替兒童、青少年、成人舉辦 party 的慶祝活動，有任何的需求都可以跟專業人員討論喔！

巨大小丑臉是雪梨月神公園大門口

雪梨月神公園營業時間及門票

月神公園營業時間經常在改變，建議先至官方網站查詢。

公園門票價格參考如下

紅色身高階段（身高 85–105 公分）：網上購票價格 23 澳幣（約臺幣 500 元）

綠色身高階段（身高 106–129 公分）：網上購票價格 41 澳幣（約臺幣 895 元）

黃色身高階段（身高 130 公分以上）：網上購票價格 51 澳幣（約臺幣 1115 元）

亞它門站（Artarmon Station）

亞它門站出火車站後的感覺非常清幽，沒有商場圍繞，附近主要道路也只有二條，是個小型區域。但有著獨特的氛圍，單純的環境舒服地讓人流連忘返。

 ## Salvage Coffee 咖啡廳

地址：5 Wilkes Ave, Artarmon NSW 2064／時間：星期一至星期三 06:30-14:30；星期四至星期五 06:30-22:00；星期六 07:30-22:00；星期日 08:00-14:00／交通：出亞它門站後右轉，步行 1 分鐘

Salvage Coffee 離亞它門站只有 1 分鐘路程的距離，地理位置極佳。出站後右轉直直沿著走道下來的 Salvage Coffee 咖啡廳，整體氛圍相當悠閒。香氣濃郁的咖啡喝起來很順口、餐點精心設計很多選擇。

記憶中我拜訪的當天，點了 Seeded Sourdough 麵包當早餐。麵包包著吉普賽黑森林火腿搭配切達起司。有著種子穀粒、多孔的切片麵包緊密包覆融化的切達起司，經過特殊火烤過的黑森林火腿帶著焦香，一口咬下，我細細品味它的所有層次，幸福極了。

Salvage Coffee 的員工認真又熱情，就像老朋友一樣，予人一種輕鬆自在的感受。這裡絕對值得你找個時間坐下來，點一套美味餐點，好好享受這舒服的氛圍。

01 悠閒的 Salvage Coffee
02 火腿起司烤土司
03 香氣濃郁的咖啡

Lucky Mart 日貨用品店

地址：2 Wilkes Ave, Artarmon NSW 2064／電話：+61 2 9413 2200／時間：全年 10:00-21:00／交通：出亞它門站後右轉，步行 2 分鐘

　　Lucky Mart 和 Salvage Coffee 位於同一條路上。亞它門站出站後右轉，步行 2 分鐘即是。日本商店在雪梨是較少見的，Lucky Mart 雖然不大但五臟俱全，想找的東西基本上都找的到，像是日本餅乾、日本糖果、冷凍即食食品、泡麵等。另外餐具、刨冰機、熱敷毯……也都可以找到，可說是應有盡有。

　　很多外國人都很好奇日本的文化，所以都喜歡到這邊來逛一逛，買些新鮮有趣的商品。由於日本店員總是親切有禮，客人在這都能感到輕鬆又自在。

Ramen Genki 拉麵店

地址：6 Wilkes Ave, Artarmon NSW 2064／電話：+61 2 9410 3777／時間：星期一至星期日 11:30-14:25&17:00-20:50；星期二公休／交通：出亞它門站站後右轉，步行 3 分鐘

　　Ramen Genki 和 Lucky Mart、Salvage Coffee 都在同一條路上。亞它門站出站後右轉，步行 3 分鐘就到囉！Ramen Genki 是雪梨北岸有名的日本正宗拉麵店，香醇、不膩的湯頭搭配附送的小菜，令人唇齒留香。另外這裡的咖哩也相當受客人喜愛！我會光顧這裡，是因為看到下午二、三點，戶外座位區的客人還非常多。當下也不管自己是不是才剛吃飽，就立刻選擇坐下來一起吃。拉麵果然不讓人失望，道地。

　　其實，在雪梨韓國人非常多，有很多壽司店、拉麵店等都是韓國人開的，在口味上就不那麼道地。日本料理店終究還是日本人煮得好吃，請慎選。

01 Lucky Mart 日本雜貨用品店
02 永遠門庭若市的 Ramen Genki 拉麵

Taipei Chef Restaurant 臺菜餐廳

地址：1A Broughton Rd, Artarmon NSW 2064 ／電話：+61 2 9419 7119 ／時間：星期二至星期日
12:00-15:00&18:00-21:30；星期一公休／交通：出亞它門站後左轉，步行 2 分鐘

　　亞它門站出站後，左轉也是這一區的另一條主要道路。沿路還是有幾
間餐館和商店，但相較起另一區人煙比較稀少。

　　這裡有一些異國料理餐廳，例如臺灣、日本、泰國、義大利餐廳，
也有烘焙店、美容院，閒暇之餘還是可以來這裡晃晃走走的。這條路
上有一間正宗的臺灣餐廳，很受到外國人的推崇，店名是 Taipei Chef
Restaurant。走路過來很方便，亞它門站出站後左轉直走 2 分鐘就到。外
國朋友們熱愛三杯雞、水餃、牛肉麵……而明星菜餚「燻雞」則讓大家為
之瘋狂。

摒除熱鬧商店區之外，亞它門站附近環境清幽

車士活站（Chatswood Station）

車士活（Chatswood）是新南威爾斯州的主要商業住宅區，也是歐亞洲多國文化的聚集地，氛圍很棒，有著不同特色的商店、餐廳裝潢。來到此地會讓我們自然而然地想要放慢腳步、沉澱思緒。即便離開雪梨很久一段時間，在 Chatswood 的心情永遠不會忘掉。

 ## Chatswood Chase Sydneye 購物中心　　　‖ T1

地址：345 Victoria Ave, Chatswood NSW 2067 ／電話：+61 2 9422 5300 ／網站：chatswoodchasesydney.com.au ／時間：星期一至星期三及星期五 09:30-17:30；星期四 09:30-21:00；星期六 09:00-17:00；星期日 10:00-17:00 ／交通：出車士活站後，步行 4 分鐘

　　車士活有二間主要的大型購物中心，一間是擁有很多分店的 Westfield，另外一間就是 Chatswood Chase Sydney。

　　Chatswood Chase Sydney 離車士活站很近，出站後步行 4 分鐘即可到達。Chatswood Chase Sydney 購物中心擁有非常豐富的購物商店和美食廣場，有點類似臺灣的百貨公司，可以滿足吃喝玩樂的需求。

　　除了上述提及的兩間購物中心之外，車士活站周遭還有幾間較小的購物中心。來車士活建議好好安排行程時間，以便不漏掉這些美好。

Chatswood 周邊商場

North Shore, Northern & Western Line

Makoto 誠日式料理

地址：336 Victoria Ave, Chatswood NSW 2067／電話：+61 2 9411 1838／網站：masuyainternational.com.au／時間：星期一至星期五 11:30-14:30&17:00-21:00；星期六、星期日 11:30-21:30／交通：出車士活站後，步行 5 分鐘

Makoto 誠距離車士活站，步行約 5 分鐘的距離。它是一間由日本人所開設的連鎖壽司店，非常新鮮、風味十足，特別是湯的鮮甜令人回味無窮。我相當推薦，喜愛日本料理的朋友絕對必吃！

鮭魚酪梨捲 (Salmon Avocado Conveyor Roll) 是我最喜愛的一道菜。烤過的鮭魚焦香包覆著醋

鮭魚酪梨捲、鮭魚握壽司

飯，上面搭配酪梨和我最愛的干貝和鮭魚卵，一口氣整顆吃下，內心的滿足度就留給各位去想像囉！還有還有，FishermanSoup 魚湯也很推薦，海鮮真材實料，蝦子相當新鮮美味，讓整碗湯充滿鮮甜。

Grape Garden Beijing Cuisine（葡萄園北京小吃） ‖ T1

地址：427-441 Victoria Ave, Chatswood NSW 2067／電話：+61 2 9411 3933／時間：星期二至星期日 11:00-20:30；星期一公休／交通：出車士活站後，步行 5 分鐘

葡萄園北京小吃距離車士活站約莫 5 分鐘路程。它是一間在 Lemon Grove Centre 小商場內的北京料理店。老闆是北京人，很熱情地向我介紹每一道菜。店內菜餚口味挺特殊，如果能來一碗白飯就更好了。葡萄園北京小吃最有名的是正宗中國手工麵條、餃子跟蔥煎餅，有機會前來要記得試試看喔！

葡萄園北京小吃店美味小菜

在雪梨多吃酪梨

在雪梨的日式料理壽司中，酪梨是很常見的食材。雪梨的酪梨很好吃，有機會不妨嘗試一下。

Chatswood Mall Markets（車士活購物中心市集） ‖ T1

地址：443 Victoria Ave, Chatswood NSW 2067 ／電話：+61 2 9777 1000 ／網站：willoughby.nsw. gov.au ／時間：星期四星期五 09:00-21:00 ／交通：出車士活站後，步行 3 分鐘

　　車士活購物中心市集（Chatswood Mall Markets），每週四及週五的上午 9 點至晚上 9 點，在維多利亞大道（Victoria Avenue）舉行。從車士活車站走路過來需要約莫 3 分鐘。市集內會有各式攤位，提供藝術、工藝品、時尚流行品和新鮮農產品等，當然也會有來自世界各地的美食攤位，現場新鮮烹製，有得逛又有得吃。另外，中午 12 點至晚上 8 點之間還有各種不同風格的精彩現場音樂表演。建議大家不妨坐下來，放鬆一下，欣賞來自世界各地的音樂。

 # Emerge Festival StreetFair 街頭派對 ‖ T1

網站：emergefestival.com.au ／時間：每年九月

Emerge Festival StreetFair 是車士活一年一度的盛事。它是雪梨北岸最大的街頭派對，每年九月份都會舉辦，活動為期一個月。每年這個時候色彩繽紛的街頭遊行和超過 100 個街頭攤位，總讓車士活街頭充滿歡樂的氣息。戶外的街頭遊行有音樂、藝術、戲劇等，在文化豐富的車士活欣賞各國表演的音樂節慶，相信是很有趣也很有收穫的！

車士活出名人

　　車士活出了不少的藝術家及名人，諸如詩人 Kenneth Slessor、藝術家 Arthur Murch、畫家 Brett Whiteley、演員 Ruth Cracknell 以及鋼琴家 Roger Woodward。
　　另外前總理 Gough Whitlam、板球運動員 Victor Trumper、歌劇演唱家 Yvonne Kenny 等人也都在車士活接受教育。

哄士比站（Hornsby Station）

很喜歡哄士比（Hornsby）這個多采多姿的地方，它是一個感覺不商業化，商店又很多樣化的地方。哄士比同時也是許多學校的所在地，居民當中不乏有名作家、運動員、演員、畫家等。

 Bee's Knees Café 咖啡廳 ‖ T1

地址：14 Coronation St, Hornsby NSW 2077 ／電話：+61 2 9482 8012 ／時間：星期一至星期五 07:00-17:00；星期六 08:00-17:00；星期日 08:30-14:00 ／交通：哄士比站西側，步行 4 分鐘

步出哄士比站後，主要中心在鐵路線的東西兩側，左右兩邊不同風情。我欲介紹的這間咖啡廳，位於哄士比站西側，步行 4 分鐘。

Bee's Knees Café 的咖啡令人驚豔，韓國老闆將咖啡廳裝潢得很溫馨，如果順路的話，可以和我一樣進來坐一下，你不會失望的。我在這裡點了一杯 Green Tea Latte（抹茶拿鐵），除了奶泡和咖啡好以外，抹茶相當順口，和咖啡相融在一起搭配的口感，好到令人難忘。

01 難以忘懷的抹茶拿鐵。哄士比還有幾家評價很不錯的咖啡，倘若你喝到好咖啡，別忘了告訴我
02 Bee's Knees Café 值得一訪

01 哄士比站外觀
02 西側是個擁有二手書店、亞洲超市、印度餐館、麵館、住宅區的寧靜區域
03 哄士比站西側主要由特色店家組成

![樂] **Hornsby Aquatic and Leisure Centre 水上運動中心** ‖ T1

地址：203 Peats Ferry Road, Hornsby NSW 2077 ／電話：+61 2 9847 6300 ／網站：ornsby.nsw.gov.au ／票價：兒童（4-16 歲）6 元澳幣，成人 8 元澳幣／時間：星期一至星期五 05:30-19:45；星期六至星期日 07:00-18:45 ／交通：哄士比站西側，步行 4 分鐘

　　水上運動中心就在哄士比站西側，走路約 4 分鐘的警察局對面。有具規模的成人池、幼兒池，及水上溜滑梯。將來若有打算在雪梨念書、居住或是執業，都可以來這邊玩水喔！在雪梨可以玩水的地方不多，Hornsby Aquatic and Leisure Centre 會是你的好選擇！對了，由於不確定有沒有泳裝商店，建議都準備好了再過去。

Hornsby Water Clock 水時鐘雕塑

哄士比（Hornsby）東側是個主要由購物中心 Westfield，還有各家商店、圖書館、武術學校、芭蕾舞蹈學校、保齡球館、網咖、中國餐廳、泰式餐廳等所組成的熱鬧地區。

在人行步道區中心有個大型水時鐘雕塑，為東側做了很棒的畫龍點睛效果。此大型水時鐘雕塑由 Victor Cusack 設計。有幾間露天餐廳環繞著水時鐘雕塑的噴水許願池，邊聽水流聲邊用餐，彷彿置身在浪漫的世外桃源。

生意興隆的 Westfield

Westfield 是間大型 Shopping Mall，擁有兩家常見的連鎖百貨商店（Myer & David Jones）和電影院、百家商店、美食廣場和幾間餐館。

01 環繞著大型水時鐘噴水池的露天餐廳
02 熱鬧的車士活東側
03 位於車士活東側的大型水時鐘雕塑

麥覺理公園站（Macquarie Park Station）

麥覺理公園站周邊還有很大的 Shopping Mall，電影院、保齡球館、溜冰場……一應俱全。這裡是血拼族天堂，進駐的店家有 ZARA、H&M、grill'd、Fridays 等。

 ## 麥覺理公園周邊 ‖ T1

　　麥覺理區（Macquarie）主要就是學校、公園、百貨商場和商業區。麥覺理公園（Macquarie Park）的周邊是新南威爾斯州重要的商業中心，當初規劃即朝著「高科技園區」方向著手。這裡是許多國內外電子、科學、電腦、醫療、藥劑等公司的集中地，是繼雪梨中央商務區、北雪梨和帕拉瑪塔（Parramatta）之後，新南威爾斯州第四大就業集中區。

　　企業的聲望和美觀的環境是許多公司進駐此處的主因。在麥覺理公園周遭、有許多大型企業進駐。包括：AC Neilsen、Avaya 、AstraZeneca、佳能、京瓷、富士通、富士施樂、福特汽車公司（Premiere Automotive 集團）、通用汽車（Holden & Saab）、喬治威斯頓食品、日立、現代、強生、微軟、雀巢 Purina、Nortel Networks、Optus、飛利浦、西門子、Memjet、索尼、東芝、TPG 電信、華納音樂集團等。

　　由於，周遭學校和公園的環境都很不錯，可在用完餐後順便散散步。如果想要血拼購物，還可以逛逛 ZARA、H&M、Daiso Japan、UNIQLO、Peter Jackson、Forever 21、 C de C Shoes 等店家。麥覺理公園站和麥覺理大學（Macquarie University）這兩個站，玩上一整天是沒有問題的。

麥覺理大學站（Macquarie University Station）

麥覺理大學站以麥覺理大學為主。麥覺理大學校地廣闊，校園擁有專屬的郵遞區號 2109。除了英語學習中心之外，校園還設有大學研究所、博物館、藝術畫廊、雕塑公園、天文台、體育和水上運動中心以及麥覺理大學非營利教學醫院。

Macquarie University（麥覺理大學）

∥ T1

麥覺理大學（Macquarie University）可說是運動、人文藝術都很全方位教學的學校。在運動方面，它擁有 50 公尺符合 FINA 標準的室外游泳池，和 25 公尺的室內游泳池。綜合體育中心則包含健身房、壁球、羽毛球、籃球、排球、板球、足球和網球場。

人文藝術上，麥覺理大學有 9 個博物館和畫廊，收藏品非常廣泛。校園內最引人注目的收藏品就是校園內展出的雕塑公園。最特別的是，這裡所有的博物館和畫廊都是開放的，有興趣的朋友可以前往參觀。

根據 2015 年泰晤士報的報導，麥覺理大學在全球藝術與人文科學排名第 67 位，在澳大利亞排名第 5。藝術與人文學科可說是麥覺理大學最好的學科。另外，在 2014 年《經濟學人》（The Economist）全球最佳商學院評比中，麥覺理大學位於全球 49 名，亞太地區名列第 5，澳大利亞排名第 3，雪梨／新南威爾斯大學排名第 1，是澳洲表現最亮眼的商學院。要來雪梨念書的同學，可以先行參考一下。

麥覺理大學對街的大型 Shopping Mall

埃平站（Epping Station）

埃平站在雪梨市中心的西北方，距離市中心約莫 18 公里。埃平站周邊是商業住宅區，車站出來走幾分鐘在 Rawson St 街上有一家大型的 Coles 超市，還有一些報攤、藥店、亞洲雜貨店。沒有商家林立的繁雜熱鬧，算是舒服宜人的小小區域。

Bcd Tofu House 韓式料理　　　　‖ T1

地址：74-76 Rawson St, Epping NSW 2121 ／電話：+61 2 9868 4300 ／時間：星期一至星期日 11:30-21:30 ／交通：埃平站左邊出口出站，步行 4 分鐘

　　我在雪梨吃過最棒的道地韓式料理，就在 Bcd Tofu House。它的交通也算方便，抵達埃平站後走左邊的出口，沿著馬路走約 4 分鐘，在 Coles Supermarkets 斜對面人行道的下方就可以看到 Bcd Tofu House。

　　豆腐鍋有各種的食材搭配，價位在 20 ～ 25 澳幣之間（約臺幣 440 ～ 550 元）。豆腐鍋可以選擇搭配 Normal Rice 和 Special Rice，特殊選擇會再加上澳幣 4 元左右。豆腐鍋的湯頭非常鮮美，喜歡韓式豆腐鍋的朋友可別錯過。

　　除了豆腐鍋，Bcd Tofu House 的海鮮煎餅用料實在大方，酥脆爽口，我也相當推薦。海鮮煎餅價位是 17 澳幣（約臺幣 380 元）。

01 Bcd Tofu House 豆腐鍋
02 Bcd Tofu House 海鮮煎餅

Zappi's Pizzeria Café 咖啡廳

地址：17 Oxford St, Epping NSW 2121 ／電話：+61 2 9876 2218 ／時間：星期二至星期五 12:00-22:30；星期六至星期一 17:00-22:30 ／交通：埃平站右邊出口出站，步行 4 分鐘

從埃平站（Epping Station）走到 Zappi's Pizzeria Café 大概要 4 分鐘，它在 Oxford St 上。抵達埃坪站後走右邊的出口，就可以接到 Oxford St 了。

Zappi's Pizzeria Cafe 很受在地人推崇，它的披薩平價又好吃，「巷子內」來到這裡都不會錯過它。披薩價位隨著尺寸大小分為小 12 澳幣、中 16 澳幣、大 21 澳幣，折合臺幣約 270 ～ 465 元之間。除了披薩 Zappi's Pizzeria Café 也提供其他餐點或點心如雞翅、沙拉、義大利麵等，但披薩還是最受歡迎的餐點喔！

01 埃平站是舒服宜人的小小區域
02 埃平站旁的街道
03 埃平站出站後的小商場

伊士活站（Eastwood Station）

伊士活（Eastwood）以環境舒適的華人區而聞名，近年有不少韓國人遷入。在這裡有很多亞洲專賣店、超市，以及各國餐館，包括上海菜、港式茶餐廳、臺式餐廳、韓國料理、日本料理等。思念家鄉時、需要補給熟悉的物資時，可以到這裡採購。

Hukuya Sushi Bar 壽司吧　　‖ T1

地址：1/25 Railway Parade, Eastwood NSW 2122／電話：+61 2 9804 8200／時間：星期一至星期六 11:30-21:00；星期日公休／交通：出伊士活站後，步行 2 分鐘

　　Hukuya Sushi Bar 距離伊士活站 2 分鐘路程。這是一間非常受當地人推崇的日式料理，在當地被譽為最好吃的壽司，料理當中又以新鮮的生魚片最受到歡迎。

　　比較特別的是 Hukuya Sushi Bar 的主廚是韓國人唷！手藝了得，吃過的人都讚不絕口。喜歡吃壽司的朋友很建議來這裡嚐嚐，坐在吧檯一邊欣賞師傅們大展身手，一邊享用美食。特別提醒若打算在晚上 6 點後的尖峰時間用餐，最好先預約。

澳洲青蘋果發源地

　　每年十月的第三個星期六，伊士活會舉辦聞名於世的格蘭尼史密斯節（Granny SmithFestival），主要是為了慶祝 1868 年 Maria Ann Smith 意外種植出綠色小蘋果（現今遍及世界各地的青蘋果）。活動受到當地企業、學校、體育、服務機構等的贊助與支持，每年都會吸引萬人來共襄盛舉。

Jeans Chilli Chicken 韓國烤雞速食店

地址：115 Rowe St, Eastwood NSW 2122 ／電話：+61 2 9874 1100 ／網站：eastwoodhotel.com.au
時間：星期一至星期日 12:00-00:00 ／交通：出伊士活站後，步行 2 分鐘

Jeans Chilli Chicken 是一間韓國烤雞速食店，辣椒雞是最受歡迎的一道料理，也是老闆最自豪的研發。這道料理有個特殊的吃法，將辣椒雞搭配著飯糰捏在一起吃，滋味令人難忘。

 ## Incredible Chicken 韓式炸雞店

地址：120 Rowe St, Eastwood NSW 2122 ／電話：+61 2 8033 2085 ／網站：ejzpt678.wixsite.com ／
時間：星期一至星期日 12:00-00:00 ／交通：出伊士活站後，步行 5 分鐘

Incredible Chicken 是正宗韓式炸雞店，專賣各種口味的炸雞，例如蔥炸雞、辣味炸雞、甜辣炸雞……。這裡最特別的口味是起司口味（被稱為 Snow Chicken），是很多人喜歡的口味。

 ## Jonga Jip 韓式燒烤店

地址：87 Rowe St, Eastwood NSW 2122 ／電話：+61 2 9858 5160 ／時間：星期一至星期日 10:00-23:00 ／交通：出伊士活站後，步行 5 分鐘

Jonga Jip 是正宗韓式燒烤餐廳，有人稱之為雪梨最好吃的韓式烤肉。優質的肉品和美味的海鮮煎餅是必點。Jonga Jip 提供很多小菜，是個值得嘗試的韓國料理餐館。因為是燒烤餐廳，用餐完畢後身上難免會有油煙味，會在意的人就再注意一下囉。

裝潢和美味不一定成正比

在雪梨有很多韓國餐廳，伊士活站周邊也不少，嚴格說來素質參差不齊。建議大家最好先研究一下，不要看到美麗的店家裝潢就衝進去了，以免踩到地雷！

Chef's Palette 咖啡廳

地址：51 Rowe St, Eastwood NSW 2122／電話：+61 2 8040 5709／時間：星期一至星期五 08:30-22:30；星期六 07:30-23:00；星期日 08:30-22:30／交通：出伊士活站後，步行 6 分鐘

　　因為伊士活（Eastwood）和埃平（Epping）很近，步行時間約莫 15 分鐘。當時間充裕時，我會從 Epping 慢慢散步到 Eastwood 欣賞沿途的風景，然後到 Chef's Palett 報到。

　　Chef's Palette 是一間韓國人開的咖啡店，有著很好的氛圍和令我讚不絕口的咖啡，喜歡喝咖啡的人不妨前來品嚐。

01 伊士活站周邊街景
02 伊士活商場
03 從 Epping 慢慢散步到 Eastwood 的街景

西懷特站（West Ryde Station）

西懷特站出站後一眼望去是空曠零星的店家，大約步行 15 分鐘，才會到鬧區。鬧區有 Top Ryde City 大型購物中心，寬敞餐廳、咖啡廳、百貨商店、夜間電影院應有盡有。購物中心周圍也被各國餐廳、商店圍繞，還算熱鬧。

 ## Moeru Japanese Restaurant 日式料理　　║ T1

地址：6 W Parade, West Ryde NSW 2114 ／電話：+61 2 9807 2322 ／時間：星期日至星期三 11:30-14:30&17:30-21:30；星期四至星期六 11:30-14:30&17:30-22:00 ／交通：出西懷特站後，步行 3 分鐘

西懷特站出站後，在左邊的 W Parade 街道上，有一間非常好吃的日本料理店 Moeru Japanese Restaurant，走路 3 分鐘即可抵達。這裡爽口的拉麵和經常改變口味的創意壽司很受到歡迎。建議先預約訂位，現場候位都要等到半個小時左右。

 ## Koorong 書店　　║ T1

地址：28 W Parade, West Ryde NSW 2114 ／電話：+61 2 9857 4477 ／時間：星期一至星期五 08:00-21:00；星期六 08:00-18:00；星期日公休／交通：出西懷特站後，步行 4 分鐘

如果您是基督徒的話，這邊的 Koorong 書店內，擁有非常多的基督教相關書籍，很受到基督徒的愛戴。

西懷特站出站後空蕩蕩的街景

北史卓菲站（North Strathfield Station）

北史卓菲站出站後幾乎都是住宅，店面很少，走 5 分鐘在 Concord Rd 上才有幾間餐廳和舞蹈教室。比較有娛樂性的是這裡有一間規劃得很不錯的保齡球館。

 ## Sydney Swing Katz 舞蹈教室 ‖ T1

> 地址：182 Concord Rd, North Strathfield NSW 2137 ／電話：+61 404 849 282 ／網站：sydneyswingkatz.com.au ／交通：北史卓菲站出站後左轉，步行 6 分鐘

Sydney Swing Katz 舞蹈教室出火車站後左轉，步行約 6 分鐘即到，主要教 Swing（搖擺舞），Lindy Hop（林迪舞），Latin（拉丁舞） 及 Rock N Roll(搖滾舞)。Sydney Swing Katz 是澳洲很棒的搖擺舞表演團，複製了 20 ～ 50 年代舞廳裡的餘興表演。此外，這裡也有量身打造個人婚禮舞蹈或企業、私人派對、婚禮表演等服務。

 ## Komart 韓貨用品店 ‖ T1

> 地址：5/24 George St, North Strathfield NSW 2137 ／電話：+61 2 9764 1199 ／網站：komart.com.au
> 時間：星期一至星期日 08:30-21:30 ／交通：北史卓菲站出站後左轉，步行約 5 分鐘

Komart 是一間中型韓國雜貨用品店，賣的全是韓國的食物和日用品。價格很合理，喜愛韓國商品的朋友，有路過可以過去逛一逛喔。

寧靜的北史卓菲站

Kingpin Bowling North Strathfield 保齡球館

地址：Building H3/3 George St, North Strathfield NSW 2137 ／電話：+61132695 ／網站：kingpinbowling.com.au ／時間：星期一至星期四 11:00-23:00；星期五 11:00-00:00；星期六 09:00-00:00；星期日 09:00-23:00 ／交通：出北史卓菲站後，步行 5 分鐘

Kingpin Bowling North Strathfield 保齡球館是這區的重要娛樂指標，出北史卓菲站（North Strathfield Station）後左轉，沿著 George St 步行 5 分鐘就可以到囉！

雖然這是一間保齡球館，但它同時有室內雷射槍戰（Laser Tag）、遊戲機台、密室逃脫遊戲（Escape Rooms）、卡拉 OK、兵乓球等活動項目，是一個相當適合和朋友一起度過歡樂時光的好地方！另外，如果你追求刺激，可以挑戰一下它的高繩課程（High Ropes Course）。

北史卓菲站出站後的街景

Kingpin Bowling North Strathfield 達令港分店

Kingpin Bowling North Strathfield 在達令港有分店，價位比這裡高一點。票價依時間及選擇一項或二項遊戲而有所不同，但一樣是兒童票，達令港分店貴 2 澳幣（約臺幣 45 元），成人則貴 3 澳幣（約臺幣 66 元）。

雷德芬站（Redfern Station）

雷德芬站的商店比較不集中，多分散在各條馬路上，看起來零零星星，因此會讓人覺得人口比較稀少。另外，出站後步行十分鐘就可以抵達美麗的雪梨大學，是離雪梨大學最近的一站。雪梨大學哥德式的建築很像電影哈利波特的場景，值得一去！

 ## Moyas Juniper Lounge 酒吧 ‖ T1

> 地址：101 Regent St, Redfern NSW 2016 ／電話：+61 2 8084 9479 ／網站：moyasgin.com ／時間：星期二至星期日 16:00-22:00；星期一公休／交通：出雷德芬站後右轉，步行 3 分鐘

雷德芬區（Redfern）餐廳大都散落在出雷德芬站後右轉的 Redfern St 附近，厲害的酒吧及餐廳就有十間以上，非常推薦在這條路上尋寶美食！接下來要介紹的 Moyas Juniper Lounge 也位於 Redfern St 上。

Moyas Juniper Lounge 是專營杜松子酒的酒吧，相當有名氣。除了杜松子酒，雞尾酒也是人氣酒品。對酒有興趣的你一定要來此嘗試來自世界各地有趣的酒。

這裡的工作人員對酒很專業，會細心介紹每種酒的口感、種類及來源。想要了解哪款酒現場都可以直接詢問。Moyas Juniper Lounge 每週二現場有爵士樂演奏，不妨挑一個星期二夜晚來這裡好好享受一番！

雷德芬站出站後的街景

Redfern Continental 歐式餐廳

地址：180 Redfern St, Redfern NSW 2016 ／電話：+61 2 9319 7446 ／網站：redferncontinental.com.au ／時間：星期二至星期四 17:30-22:00；星期五、星期六 17:30-22:30；星期日 17:00-21:00；星期一公休／交通：出雷德芬站後右轉，步行 3 分鐘

　　Redfern Continental 是一間很有歐洲氛圍的餐廳，出雷德芬站（Redfern Station）後右轉，步行 3 分鐘就可以到。店內美味的食物和風格，讓人感覺就像置身在歐洲般，倘若路過，不妨進去感受一下這濃濃的異國風情。

 ## Milk Bar by Cafe Ish 漢堡餐廳

地址：105 Regent St, Redfern NSW 2016 ／電話：+61 2 9698 8598 ／網站：themilkbarbycafeish.com.au ／時間：星期二、星期三、星期日 11:00-21:00；星期四 11:00-21:30；星期五星期六 11:00-22:30；星期一公休／交通：出雷德芬站後右轉，步行 3 分鐘

　　喜歡吃漢堡、奶昔、甜甜圈及炸薯條嗎？距離雷德芬站 3 分鐘路程的 Milk Bar by Cafe Ish 絕對能滿足你，而且這些都是店裡的明星食物！碳烤過的麵包夾著鮮嫩多汁的肉片和濃厚起司，再搭配上墨西哥脆餅、辣椒、醬料、洋蔥等食材，一口咬下，簡直是人間美味。

 ## La Coppola 正宗義大利木材烤披薩餐廳

地址：4/152 Redfern St, Redfern NSW 2016 ／電話：+61 2 9699 8450 ／網站：lacoppola.com.au ／時間：星期日星期四 17:00-22:00；星期五 17:00-23:30；星期六 17:00-23:00 ／交通：出雷德芬站後右轉，步行 5 分鐘

　　La Coppola 距離雷德芬站約莫 5 分鐘路程，它的義大利木材烤披薩，真的非常好吃！餅皮相常入味，每一口咬下去的香氣，再搭配鋪在上面的新鮮食材與起司的融合，如何叫人不愛上這美妙的好滋味？！

T2

Inner West & Leppington Line

雪梨市鐵 T2 線，包含了幾個雪梨經典代表，如雪梨歌劇院、雪梨大橋。其他諸如赫赫有名的海德公園、聖母主教座堂也都是觀光熱門景點。另外，新南威爾斯的第二大商業區域也在 T2 線上。

01 沒走過雪梨大橋，別說你來過雪梨
02 規模宏偉的聖母主教座堂
03 人山人海的雪梨藝術節
04 雪梨歌劇院，像是即將展翅高飛的白天鵝
05 連 CNN 都說讚的甜點 Chendol

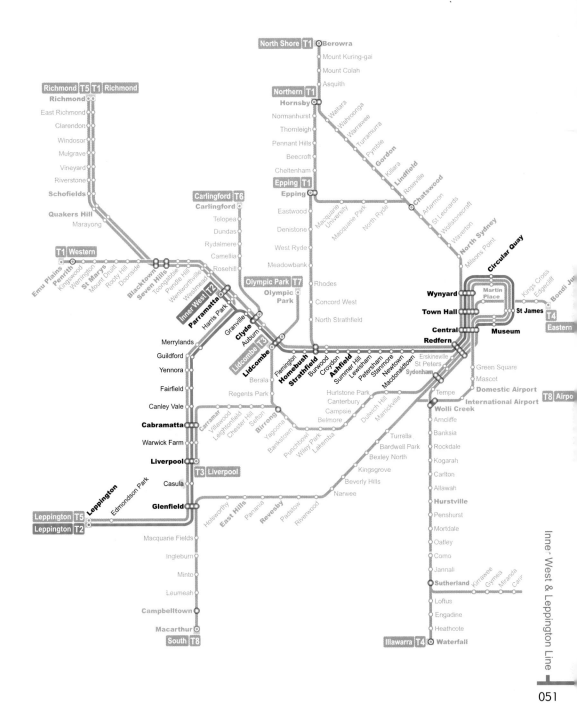

Richmond **T5** **T1** Richmond
Richmond
East Richmond
Clarendon
Windsor
Mulgrave
Vineyard
Riverstone
Schofields
Quakers Hill
Marayong

North Shore **T1** Berowra
Mount Kuring-gai
Mount Colah
Asquith

Northern **T1**
Hornsby
Normanhurst
Thornleigh
Pennant Hills
Beecroft
Cheltenham

Epping **T1**
Epping
Eastwood
Denistone
West Ryde
Meadowbank

Waitara
Wahroonga
Warrawee
Turramurra
Pymble
Gordon
Killara
Lindfield
Roseville
Chatswood
Artarmon
St Leonards
Wollstonecraft
North Sydney
Milsons Point

Circular Quay

Kings Cross
Edgecliff
Bondi Ju

T1 Western
Emu Plains **Penrith**
Kingswood
Werrington
St Marys
Mount Druitt
Rooty Hill
Doonside
Blacktown
Seven Hills
Toongabbie
Pendle Hill
Wentworthville
Westmead
Inner West **T2**
Parramatta
Harris Park

Carlingford **T6**
Carlingford
Telopea
Dundas
Rydalmere
Camellia
Rosehill

Olympic Park **T7**
Olympic Park
Rhodes
Concord West
North Strathfield

Macquarie University
Macquarie Park
North Ryde
Wollstonecraft

Wynyard
Martin Place
Town Hall
Central
Museum
St James **T4**
Eastern

Granville
Clyde
Auburn
Lidcombe **T3**
Lidcombe
Merrylands
Guildford
Yennora
Fairfield
Canley Vale

Berala
Flemington
Homebush
Strathfield
Croydon
Burwood
Ashfield
Summer Hill
Lewisham
Petersham
Stanmore
Newtown
Macdonaldtown
Erskineville
St Peters
Sydenham

Redfern

Green Square
Mascot
Domestic Airport
International Airport
T8 Airpo

Regents Park
Hurlstone Park
Canterbury
Campsie
Belmore

Dulwich Hill
Marrickville

Tempe
Wolli Creek

Cabramatta

Carramar
Villawood
Leightonfield
Chester Hill
Sefton
Birrong
Yagoona
Bankstown
Punchbowl
Wiley Park
Lakemba

Turrella
Arncliffe
Banksia
Rockdale
Kogarah
Carlton
Allawah
Hurstville
Penshurst
Mortdale
Oatley
Como
Jannali
Sutherland
Loftus
Engadine
Heathcote

Warwick Farm

Liverpool
T3 Liverpool
Casula

Glenfield

Holsworthy
East Hills
Panania
Bardwell Park
Bexley North
Kingsgrove
Beverly Hills
Narwee
Turrella
Riverwood
Padstow
Revesby

Leppington **T5**
Leppington
Leppington **T2**
Edmondson Park
Macquarie Fields
Ingleburn
Minto
Leumeah
Campbelltown
Macarthur
South **T8**

Kirrawee
Gymea
Miranda
Carr

Illawarra **T4** **Waterfall**

聖詹姆斯站（St James Station）

聖詹姆斯站位於雪梨中央商業區，它是一個地底車站，位於澳洲最古老公園──海德公園的底下。聖詹姆斯站周遭藝術氣息頗為濃厚，有聖母主教座堂、新南威爾斯美術館、澳洲博物館等著名景點。

Hyde Park（海德公園）　‖ T2

地址：Elizabeth St, Sydney NSW 2000 ／電話：+61 2 9265 9333 ／交通：出聖詹姆斯站後，沿指標走

海德公園坐落在雪梨中央商業區，是澳大利亞歷史最悠久的公園。它占地廣大，是雪梨市中心南北走向的一塊長方形綠地。若從聖詹姆斯站下車會先到達北側。在北側有一座名氣響噹噹阿齊保噴泉（Archibald Fountain），由François-LéonSicard設計，主要是紀念澳大利亞對法國第一次世界大戰的協助。

海德公園被東西走向的 Park Street 分為南北兩端，兩端由壯麗的無花果樹林蔭大道連接起來，不論哪個季節都有不同迷人的風情。

01 買好喜愛的食物，席地而坐，好不愜意
02 雪梨藝術節充滿了各種不同國家的美食

各活動的舉辦地

許多大大小小的活動都會在海德公園舉辦，最有名的像是一年一度的雪梨藝術節。記得我參加雪梨藝術節的那年，一走進公園映入眼簾的是熟悉的臺灣小吃、耳邊傳來的是耳熟能詳的中文歌曲，當場備感親切，充滿感動。

St Mary's Cathedral（聖母主教座堂）

地址：St Marys Rd, Sydney NSW 2000 ／電話：+61 2 9220 0400 ／網站：stmaryscathedral.org.au
時間：每天 06:30-18:30（聖誕節期間可能會延長工作時間）／交通：出聖詹姆斯站後，步行 3 分鐘

　　聖詹姆斯站出站，遠遠就可看到高聳的聖母主教座堂（St Mary's Cathedral）巍峨矗立在不遠處。聖母主教座堂就是聖瑪利大教堂，座落於海德公園對面，距離聖詹姆斯站出站約莫 3 分鐘路程。

擁有崇高地位的教堂

　　聖母主教座堂是天主教雪梨總教區的主教座堂，是澳大利亞最大的教堂。1932 年 8 月 4 日由教宗庇護十一世，封為乙級宗座聖殿（Minor Basilica），擁有特殊地位的大教堂稱號。2008 年 7 月 19 日，教宗本篤十六世也曾來造訪過。

參訪請留意穿著

　　教堂是一座哥德式建築，內部安詳莊嚴，是個很適合傾聽內心聲音與自己對話的地方。建議若要前往教堂參觀，留意服裝儀容，請穿著合適的衣服，在進入大教堂前也要記得脫帽。

聖母主教座堂以歌德式幾何裝飾風格設計

參訪聖母主教座堂注意事項

❀ 教堂內開放拍攝，不能使用閃光燈。典禮進行時禁止拍攝，當然也不能拍攝其他民眾。
❀ 大教堂不收門票，但觀看大教堂地穴則需要門票。門票可在星期一至星期五上午 10 點至下午 4 點於大教堂商店購買，價格為 5 澳幣（約臺幣 110 元）。

Art Gallery of New South Wales（新南威爾斯美術館）

地址：Art Gallery Rd, Sydney NSW 2000 ／電話：+61 2 9225 1700 ／網站：artgallery.nsw.gov.au ／時間：全年 10:00-17:00，星期三 10:00-22:00 ／交通：出聖詹姆斯站後，步行約 10 分鐘

　　新南威爾斯美術館（Art Gallery of New South Wales）是雪梨重要的美術館，從聖詹姆斯站走過去約莫需要約 10 分鐘。很多人在參觀完聖母主教座堂後，會從大教堂旁的 Art Gallery Rd 漫步前往美術館，路程約需 8 分鐘。

　　新南威爾斯美術館全年免費開放，主要陳列澳洲（殖民時代到當代）、亞洲、歐洲等藝術品。在館內我最喜歡的一幅畫作是 1889 年的 FROM A DISTANT LAND，作者為 DAVID DAVIES。這幅畫很有想像空間，看著它思緒總能胡亂飛翔。畫中那二個人是什麼樣的關係？手上看的那封信，是騎著馬離去的人留給他的嗎？還是其實門外沒有人，是思念的想像？這一切沒有答案，很有趣的。逛累了就在沙發上坐著休息，被海景和藝術品環繞的休息室夫復何求。

01 新南威爾斯美術館
02 看展時碰巧有美國畫展，大門口特地設計一個 AMERICA 字樣
03 逛累了可以在休息室小憩

博物館站（Museum Station）

博物館站位於雪梨中央商業區，離中央火車站約 1.4 公里，若想在雪梨漫步一日遊，是腳程可以到的距離。博物館站和聖詹姆斯站一樣，是個位於海德公園地下的地底車站。

 ## Australian Museum（澳洲博物館）　　　‖ T2

地址：1 William St, Sydney NSW 2010 ／電話：+61 2 9320 6000 ／網站：australianmuseum.net.au
時間：全年 09:30-17:00；聖誕節公休／票價：成人 15 塊澳幣（約臺幣 330 元），15 歲以下兒童免費
交通：出博物館站後，步行 1 分鐘

澳洲博物館（Australian Museum）位於海德公園對面，是離火車站最近的一間博物館。從博物館站出站後，步行 1 分鐘就可以到達。

澳洲博物館有很具看頭的原住民展

館內有 100 件珍品和 100 個澳大利亞最具影響力的故事，其中我記憶較深刻的有：澳大利亞的第一張鈔票；2200 年前的木乃伊；庫克船長穿過的羽毛披肩。

不定期的特展也很有意思

另外，和許多博物館一樣，澳洲博物館也會不定期加入特別的展覽，像是鯨魚特展時，展示了抹香鯨 18 公尺的骨架，現場還開放民眾觸摸長鬚鯨的椎骨和肋骨，聆聽鯨魚聲的交響樂等，又如展出 1857 ～ 1893 年間澳大利亞博物館的早期攝影作品等等，都是非常有意義的探索。

Sydney Gay and Lesbian Mardi Gras（雪梨同志狂歡節大遊行）

地址：Oxford St,Sydney NSW ／網站：mardigras.org.au ／交通：出澳洲博物館站後，步行約 4 分鐘

　　雪梨中央商業區有一條著名的同志街，名叫 Oxford Street（牛津街）。牛津街距離澳洲博物館站，約 4 分鐘的路程。每年三月的第一個週末，這裡都會舉辦同志狂歡節大遊行（Sydney Gay and Lesbian Mardi Gras）。

　　與其說是遊行，用盛大的嘉年華來形容這場活動也許會更貼切。活動中會有數百隊遊行參與，有車隊、花車或是邊走邊熱舞，熱情且熱鬧。各個遊行參與者無不絞盡腦汁精心妝扮，令人看得目不暇給。大遊行沿著牛津街進行，全長約 6 公里。

帶上折椅提早來卡位

　　這是一個萬人共襄盛舉的活動，群眾從四面八方排山倒海而來，把馬路擠得水洩不通，一位難求。以經驗來說，如果沒有提早去卡位，記得帶張折椅或凳子。不然，有時候搶到了位子前面滿滿的人頭還是會遮住視線。

　　想更加了解同志狂歡節的訊息可至網站 mardigras.org.au 查詢。

人山人海的同志狂歡大遊行

環形碼頭站（Circular Quay Station）

環形碼頭站顧名思義就在環形碼頭附近，乘客到站後不用出站，站在月臺上就可看到北邊的環形碼頭、雪梨大橋、雪梨歌劇院或是南邊的雪梨海關大樓，景致優美，令人感到心曠神怡。

Sydney Opera House（雪梨歌劇院）　‖ T2

地址：Bennelong Point Sydney NSW 2000 ／ 交通：出環形碼頭站，步行約 9 分鐘

雪梨歌劇院（Sydney Opera House）是雪梨最具代表作建築，它在 2007 年 6 月 28 日被聯合國教科文組織評為世界文化遺產，是目前世界上最年輕的文化遺產。

來到雪梨歌劇院時，我經常望著屋頂，當陽光灑下時它像是貝殼一樣閃閃發亮。記得建築師 Jørn Utzon 說當初他的設計靈感來自剝橙的簡單行為，其實生活中可以充滿創意和想像，就讓它自然地揮灑吧！

拂曉時分的雪梨歌劇院，那輪廓真迷人

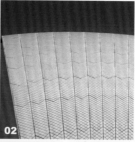

01 日落的雪梨歌劇院打了燈，更美
02 雪梨歌劇院的屋頂
03~06 另外一面的雪梨歌劇院，角度不同建築體給人渾然不同的感覺

關於雪梨歌劇院

1956 年新南威爾斯州長 John Joseph Cahill 宣布舉行雪梨歌劇院設計競賽，吸引了世界各地 200 多件設計圖，最後由來自丹麥的設建築師 Jørn Utzon 獲選。

三年後雪梨歌劇院開始動工，州長卻在同年因心肌梗塞過世。新上任的州長 Davis Hughes 因落後的進度和成本的估算，開始對 Jørn Utzon 的設計提出質疑，最終停止經費支出。1966 年 Jørn Utzon 一氣之下辭去劇院總建築師職務，離開雪梨並發誓永遠不會再回到澳洲，從此再也沒有回來看過自己這傑出的作品。

工程進行到一半的雪梨歌劇院，則由澳大利亞建築師接手完成。1973 年 10 月 20 日雪梨歌劇院進行開幕典禮，英國女王伊莉莎白二世為此還特地出席。

Vivid Sydney（繽紛雪梨燈光音樂節）

時間：每年五月底至六月

　　一年一度繽紛雪梨燈光音樂節（Vivid Sydney），在每年五月底至六月的時候展開。這活動從 2009 年開始舉行，是一場融合燈光、音樂和創意的感官饗宴，深受世界各地遊客的喜愛。

　　在活動期間，以歌劇院為首，附近各建築物都會打上明亮燈光，幫自己換上美麗的衣裳。其他如遊輪、公車、地標……也會一同響應，讓整座雪梨燈火通明，美不勝收。

雪梨燈光音樂節時
繽紛的雪梨市政廳

Bennelong Restaurant And Bar（貝尼朗餐廳）

地址：Bennelong Point Sydney Opera House, Sydney NSW 2000 ／電話：+61 2 9240 8000 ／網站：bennelong.com.au ／時間：星期一至星期四 17:30-22:00；星期五至星期日；2:00-14:00& 17:30-22:00　交通：位於雪梨歌劇院內

　　貝尼朗餐廳是位於雪梨歌劇院內部的餐廳酒吧，它不用歌劇，而用美食和飲品帶領訪客進入味蕾的饗宴。坐在雪梨歌劇院一角看出來的風景格外特別，也許正在用餐的客人本身也是一幅美景。另外，貝尼朗餐廳有些特定座位能欣賞開放式廚房，讓大家看看主廚如何變出料理的魔法，挺特別的喔！

貝尼朗餐廳有一間姊妹餐廳 Quay restaurant 都在雪梨港邊

食 **Opera Bar 酒吧** ‖ T2

位置：雪梨歌劇院旁

雪梨歌劇院旁一整排的 Opera Bar，是我最喜歡的地方。夜晚時，熱鬧的人潮與寧靜的雪梨港灣，有種衝突的美感。眼前有雪梨歌劇院及雪梨大橋的美景，身旁有家人與朋友的陪伴，佐著餐桌上溫暖的昏黃燭光，大夥邊聊著天邊吃著餐點，真是良宵好景啊！

01 白天的 Opera Bar 隨興自在
02 我最愛的地方 Opera Bar

逛 **Sydney Harbour Bridge（雪梨大橋）** ‖ T2

電話：+61 2 8274 7777／網站：bridgeclimb.com／時間：全年 10:00-17:00 (最後進入時間為 16:45)；聖誕節那天不開放／交通：出環形碼頭站後，步行 8 分鐘

雪梨大橋是雪梨觀光重點之一，走在雪梨大橋上，會看到一個很小的入口 Pylon Lookout，勇敢走進去吧！進入後別有洞天，購票處就在上面。雪梨大橋共有 4 層 200 個階梯。第一層展示橋梁施工建造紀錄、建橋短片、雪梨大橋歷史；第二層的東西兩側各有觀景臺，能看到雪梨海港全景還有紀念品商店；第三層展示開幕慶典紀錄及紀念品。最上層是最頂端，可以盡情鳥瞰美麗的雪梨市景。

01 看到 Pylon Lookout 別猶豫，走進去就對
02 雪梨大橋

攀爬雪梨大橋

　　雪梨大橋於 1932 年 3 月 19 日正式啟用，除了可以在上面散步之外，還能報名攀爬，有人說攀爬雪梨大橋是人生必做 100 件事之一呢！參觀雪梨大橋免費，但攀爬雪梨大橋是需要費用的。爬雪梨大橋有日出、白天、日落、夜晚四個時段可選擇，價位略有所不同。以下介紹幾種不同行程，大家可以依照能力選擇。想了解更多資訊可上 bridgeclimb.com 查詢

- 🌷 雪梨大橋攀登：需 3.5 個小時，攀登外拱至雪梨大橋的頂峰，然後再穿過大橋的脊柱到另一面，最後再回頭。成人 263 ～ 403 澳幣（約臺幣 5790 ～ -8870 元）；兒童 183 ～ 293 澳幣（約臺幣 4030 ～ 6450 元）
- 🌷 快速攀登：需 2 個小時 15 分鐘，攀登橋下拱的底部，然後爬到底部的頂峰時，通過樓梯到達頂端，接著穿過大橋的脊柱到另一面，最後再回頭。這個行程練習、休息時間較短，非常適合只想快速攻頂的人。特別提醒由於停留次數減少，這種攀登適合身體素質好一點的人喔！成人 263 ～ 403 澳幣（約臺幣 5790 ～ -8870 元）；兒童 183 ～ 293 澳幣（約臺幣 4030 ～ 6450 元）
- 🌷 初體驗攀登：需 90 分鐘，攀登內拱至雪梨大橋一半的最高處後折返。成人 168 ～ 183 澳幣（約臺幣 3700 ～ 4030 元）；兒童 143 ～ 153 澳幣（約臺幣 3150 ～ 3370 元）
- 🌷 日落攀登：僅僅在 7 月和 8 月的週末日落時舉行，因為在寒冷的月份空氣清新，光線層次眾多，會看到粉紅色、紫色和紅色等色彩，很有不同的味道。成人 388 澳幣（約臺幣 8540 元）；兒童 278 澳幣（約臺幣 6120 元）

雪梨大橋橫跨了雪梨港，連接了雪梨商業中心與北岸，橋上最高處高於海平面 134 公尺，是目前全球最高的鋼鐵拱橋

The Rocks Market（岩石區市集）　　　

地址：George St, The Rocks NSW 2000／電話：+61 412 271 725／網站：therocks.com／時間：星
期五 09:00-15:00；星期六至星期日 10:00-17:00／交通：出環形碼頭站後，步行 5 分鐘

　　岩石區就在環形碼頭站（Circular Quay Station）附近，約莫 5 分鐘
的腳程，兩區景色截然不同。岩石區可說是雪梨的老城區，有著古老的建
築，褐色的基調讓此區有著很不一樣的樸素美。

文創味十足的週末市集

　　岩石區的週末市集是不論當地人或觀光客必到的景點。每個週末都會
有經驗豐富的設計師將作品帶到岩石中心，讓大家放慢速度體驗選購和欣
賞，也有很多廠商會在這裡做活動，推廣自家品牌和合作商品。另外，市
集不乏時尚的設計，手工製作的珠寶、紡織品，家居用品，藝術品，美容
產品和攝影作品，以及美味的食物。

　　我很喜歡逛這樣的市集，在與設計師對話中得到作品最初的想像；了
解畫家如何把藝術帶入生活；從一張照片探索背後的故事以及發現珠寶商
寶石的來源。

週五的美食市場

　　岩石區市集週五的主題是美食，選擇不斷變化的跨越文化美食，反映出
雪梨豐富多彩的文化。週五市集除了美食外，還有街頭藝人的音樂表演，服
飾、創意品及手工藝品、版畫，獨特商品的販售，很適合買來當伴手禮喔！

01 岩石區市集隨處可見創作
02 岩石區市集週五美食市場選擇豐富且多樣
03 市集也會有民眾同樂的活動，只要你喜歡隨時可加入

Museum Of Sydney（雪梨博物館）

地址：Bridge St &, Phillip St, Sydney NSW 2000／電話：+61 2 9251 5988／網站：
sydneylivingmuseums.com.au／時間：全年 10:00-17:00／交通：出環形碼頭站後，步行 3 分鐘

　　出環形碼頭站後，步行 3 分鐘就可到雪梨博物館。它的建築史相當有意義，這塊地原來是 1788 年建立於殖民時期第一座總督府的遺址，是雪梨原住民最早與英國殖民者接觸的地方。後來總督府拆除，這個區域成了住宅商業區。1983 年在規劃動工之前，根據澳洲政府規定，開發重建一定要先進行考古，總督府的遺址才又再次被發掘。有鑒於此歷史意義，澳大利亞歷史建築基金會才決定在遺址上建立一個介紹雪梨歷史的博物館。

　　雪梨博物館建立於 1995 年，可免費入場參觀跟拍照。館內主要著重在殖民前的本地史與殖民史之介紹，對歷史有興趣的朋友可來一探究竟。博物館頂樓有間餐廳，從頂樓望下雪梨歌劇院跟雪梨大橋，別有一番風情。

01 雪梨博物館
02 從頂樓望下的雪梨大橋
03 從頂樓望下的雪梨歌劇院

Customs House（海關大樓）

地址：31 Alfred St, Sydney NSW 2000／電話：+61 2 9242 8551／網站：sydneycustomshouse.com. au／時間：星期一至星期五 08:00-00:00；星期六 10:00-00:00；星期日 11:00-17:00／交通：出環形碼頭站後，步行 1 分鐘

海關大樓就在環形碼頭站（Circular Quay Station）南邊，走路 1 分鐘就可以抵達。它的外型古色古香，只要來到這裡你的目光絕對會被它吸引。

海關大樓建於 1845 年，雖然從 1990 年開始已不提供港口海關服務，但一扇扇的大窗還是訴說了它的歷史。海關大樓大開窗的設計，在當時是為了方便工作人員望向碼頭時，能清楚觀看碼頭的運輸及交通狀況。

別錯過大廳的袖珍雪梨城市模型和 5 樓餐廳

海關大樓現在是一棟圖書館，除了圖書典藏之外，也有各項展覽開放參觀。大樓內也提供電腦、沙發等供民眾使用與休息。內部因為重新整修過，整體裝潢呈現現代感，與外觀大相逕庭。大廳有一塊大型玻璃地板，下面有一座很大的袖珍雪梨城市模型。站在玻璃上，欣賞著熟悉的區域，很有意思。此外，海關大樓 5 樓有一間餐廳 Cafe Sydney，景觀非常好，值得上樓坐一下。

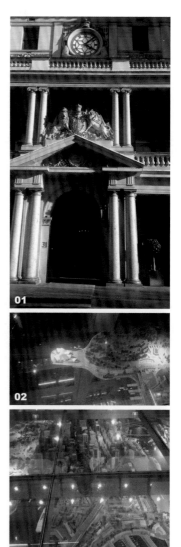

01 古色古香的海關大樓入口
02 袖珍雪梨市中心模型
03 整個雪梨都在我腳下

Royal Botanic Gardens Sydney (雪梨皇家植物園) ‖T2

地址：Mrs Macquaries Rd, Sydney NSW 2000 ／電話：+61 2 9231 8111 ／網站：rbgsyd.nsw.gov.au
時間：全年 07:00-17:30 ／交通：出環形碼頭站，步行 5 分鐘

　　雪梨皇家植物園有「雪梨之肺」的美名，占地 30 公頃，是海德公園之外，雪梨市中心另一塊受歡迎的綠地。它就在雪梨歌劇院旁邊，緊臨著波光粼粼的港灣，可以想見視野有多麼遼闊、周遭的風景有多麼迷人。因此，它正是一年一度跨年民眾看煙火首選的好地方！

　　雪梨皇家植物園全年免費開放，園中的原生植物包羅萬象，無論你是想探索花園、了解植物、了解原住民文化，或只想放鬆欣賞美景，這裡都能滿足您的需求。值得一提的是皇家植物園的 Plant Clinic 擁有植物病理學、真菌學研究計畫以及植物疾病診斷部門。另外也有植物系統學、進化生態學等。皇家植物園有提供小學、中學、大專、國際民眾報名認識植物的教學課程，熱衷於植物的朋友可以參考。

　　除了專業、美景，植物園也有專屬商店，販售園藝書籍、種子和禮品。如果你喜歡甜食，可以購買蜂箱中採集 100% 未加工的蜂蜜喔！

01 雪梨皇家植物園其中一個入口
02 植物跟動物共融共存，很喜歡這樣的風景
03 園內清幽如畫令人感到心曠神怡
04 在植物園內可同時看到雪梨歌劇院、雪梨大橋

新鎮站（Newtown Station）

　　新鎮（Newtown）以同志、龐克的聚集地而知名，是一個集結了藝術及酒吧的熱鬧區域。雖然名字有個新字，但這裡實際上充滿了舊城的頹廢魅力。搭車來新鎮站附近走走，看看那些繪製在房屋和商店牆上的創意塗鴉，以及獨特的街頭藝術吧！

 I Have A Dream Mural 馬丁路德金壁畫 ‖ T2

> 交通：出新鎮站，步行 1 分鐘

　　國王街（King Street）上的「I Have A Dream」壁畫，是新鎮站名氣響噹噹的景點，壁畫內容是在畫非裔美國人民權領袖馬丁路德金（Martin Luther King Jr）。他是一位美國牧師、人權主義者，也是 1964 年的諾貝爾和平獎得主。

　　「I have a dream」《我有一個夢》是他 1963 年，在林肯紀念堂前所發表關於黑人平權的著名演說。這場演說使他成為美國歷史上最負名望的演說家。國王街這面塗鴉牆上就有 I have a dream 這一串大大的英文字。此畫為加拿大藝術家 Andrew Aiken 和澳洲藝術家 Juilee Pryor 一同繪製。

國王街壁畫地標：馬丁路德金肖像

Newtwon 街頭

交通：出新鎮站，步行 1 分鐘

出新鎮站後就會看到 King Street（國王街）跟 Enmore Rd（恩莫爾路），在這兩條主要分支線上，共有約 150 多家店面。

國王街是 Newtown 的主要街道，商業和娛樂中心。由於擁有眾多咖啡館，酒吧及各種異國料理餐館，因此又被稱為「美食街」。不過，國王街當然不只有美食，滿街的塗鴉藝術讓這裡充滿特色。有別於 Glebe 藝 術 的 感 覺，Newtown 比較外放，Glebe 則比較內斂。想要逃離城市的喧囂，不妨來這裡走走，你會愛上它的。

新鎮站出來可以看到一排維多利亞時期粉飾牆面建築，很有味道

Cow& The Moon 義式冰淇淋 || T2

地址：181 Enmore Rd, Enmore NSW 2042 ／電話：+61 2 9557 4255 ／時間：星期日至星期四 08:30-22:30；星期五星期六 08:30-23:30 ／交通：出新鎮站後，步行 8 分鐘

在雪梨不常看到當地人為了吃在排隊，但在 Cow& The Moon 門口卻可見排隊人潮，因為它大有來頭！Cow& The Moon 得過世界冠軍，它是義式冰淇淋（Gelato），口感有別於一般冰淇淋。Cow& The Moon 提供豐富口味總令我難以抉擇！提醒義式冰淇淋融化得較快，需要盡快吃完。

排隊人潮說明 Cow& The Moon 的美味

Inner West & Leppington Line

Black Star Pastry 甜點店

地址：277 Australia St, Newtown NSW 2042 ／電話：+61 2 9557 8656 ／網站：blackstarpastry.com. au ／時間：星期一至星期日 07:00-17:30 ／交通：出新鎮站後，步行 3 分鐘

Black Star Pastry 的草莓西瓜蛋糕，不僅觀光客必吃，也深受當地人喜愛，是這間店的經典，同時也是 CNN 認證雪梨前十名甜點之一喔！

草莓西瓜蛋糕

 ## The Stinking Bishops 起司料理

地址：shop 5/63-71 Enmore Rd, Newtown NSW 2042 ／電話：+61 2 9007 7754 ／網站：thestinkingbishops.com ／時間：星期二至星期四 17:00-22:00；星期五星期六 12:00-22:00 ／交通：出新鎮站後，步行 3 分鐘

The Stinking Bishops 是一間用各種起司（Cheese），搭配各式肉類料理的店，不僅菜餚好吃，葡萄酒也相當美味。

　The Stinking Bishops 是我朋友兒子開的店，在拜訪過後，我到 The Eathouse Diner 吃飯（在 Redfern Station），覺得兩家店風格不同但似曾相似。有天和朋友聊起，才知道他兒子曾在 The Eathouse Diner 工作好幾年，包含菜單的設計。兩間都是我很喜歡的店，是美麗的巧合。

01 The Stinking Bishops 菜單很有巧思，左上角二隻羊頭代表餐點中的乳酪是綿羊和山羊混合乳酪
02 The Stinking Bishops 簡約舒服的裝潢

Thai Pothong Restaurant 泰式料理

地址：294 King St, Newtown NSW 2042 ／電話：+61 2 9550 6277 ／網站：thaipothong.com.au ／時間：星期日至星期四 12:00-15:00&18:00-22:30；星期五星期六 12:00-15:00&18:00-23:00 ／交通：出新鎮站後，步行 2 分鐘

　　Thai Pothong Restaurant 是一間很大間的泰式料理餐廳，位於國王街上，出新鎮站（Newton Station）後，步行 2 分鐘就可以到。

內部金光閃閃的餐廳

　　我會踏入 Thai Pothong Restaurant 是因為第一眼就被裝潢所吸引。裡面有大大小小金光閃閃耀眼的佛像，佇立在餐廳中央，餐廳內左手邊有一排富有設計感的泰國商品供購買，整間店泰國味十足。

　　很棒的是這裡的菜色和裝潢一樣好，店內氣氛非常愉悅，工作人員的服務相當專業，值得一去。可惜當時電池耗盡無法拍照，網站上有照片和菜單可參考。

　　新鎮站是各個國家頂尖美食的聚集地，美食絕對不只我介紹的這些，大家一定可以再發現很多很多。

國王街上有非常多異國特色料理，泰國菜尤其多

來去雪梨大學

　　雪梨大學是澳洲最富盛名的一間大學，有「南半球的牛津」之美譽，沿著國王街走 15 分鐘就會到。校園內新舊交錯的建築美到讓人屏息，諸多來到雪梨大學的訪客都誤以為這裡是電影哈利波特的拍攝地呢！

寶活站（Burwood Station）

寶活（Burwood）是個人口組成多元的地方，人口大致分為中國、印度、澳洲、韓國、阿拉伯。雖然環境看起來有些凌亂，但文化的交織讓它有著獨特的味道。即便拜訪多次，每一次還是會發現驚奇。

Hookah（水煙）　　　　　　　　　　　　　　　║ T2

來到寶活站可能會不小心瞥見中東人、阿拉伯人在抽水煙（Hookah），看著他們一口接一口的抽，對我來說是非常新鮮的事。店家賣的水煙還可以選各種口味的煙膏，如草莓、蜂蜜、柳橙、咖啡等，很新奇。雖然內心感到好奇，但由於水煙所含焦油、尼古丁、煙膏，比香煙更容易讓人上癮，再者共用水煙槍也會增加傳染病的風險，所以我並沒有嘗試。

特別提醒中東人警戒心比較重，若看見了他們較奇特的文化習慣、生活方式，建議盡量表現自然點，這樣比較禮貌。

01 寶活站周遭街景
02 有許多華人在寶
　　活站工作
03 不同口味的水煙

Sahara By The Park 土耳其餐廳

地址：Westfield Burwood, 100 Burwood Rd, Burwood NSW 2134 ／電話：+61 2 9747 4540 ／網站：saharabythepark.com.au ／時間：星期一至星期日 11:00-22:00 ／交通：出寶活站後，步行 3 分鐘

　　Sahara By The Park 是正宗的土耳其餐廳，距離寶活站 3 分鐘路程。猶記當時路過餐廳，透過櫥窗看見廚師正在烤肉，馬上決定進去嘗試。

　　對我而言，食用土耳其料理是感官和味蕾雙重享受。五花八門的食材和香料，讓菜餚充滿鮮豔的色彩。土耳其料理常見用橙色柑橘醬、橄欖、西葫蘆、西班牙洋蔥、羅勒、核桃、番茄、黃瓜和石榴汁、各種蔬菜等與肉類搭配，整體味道相當特別。我在 Sahara By The Park 享受到了平價好吃，分量又大的異國美食。

　　我發現世界各國料理所使用的材料，有八成我們都看過，只是當它們湊在一塊，所迸發出的奇特口味，總是令人驚呼連連。做菜就是這麼好玩，就像化學實驗般。

01 平價好吃的 Sahara By The Park 餐館
02 傳統中東烤肉是將肉用不銹鋼條串起後以香料調味，烤起來真的又香又好吃
03 用烤得香噴噴有嚼勁的烤餅將烤肉與蔬菜包起來一口吃，痛快

史卓菲站（Strathfield Station）

史卓菲站是橫跨五條火車線的大型轉運站，也是最多韓國人居住的大站。往市內走去，街道兩旁的招牌會用韓語書寫，令人彷彿置身韓國小鎮，挺有趣的。2000 年奧運會的主場館就在史卓菲的 Homebush Bay。

 ## 史卓菲市街區

交通：出史卓菲站，步行 1 分鐘

史卓菲站雖然是大型轉運站，但仍保有小鎮風情。出火車站後分為左右兩區，一邊寧靜，一邊熱鬧。走在史卓菲街上，會讓我有種置身韓國的錯覺，因為招牌常見韓文，櫥窗看板上也經常出現韓國明星商品如奶油啤酒。這裡想當然耳有許多韓式料理可以吃。我先來到寧靜這邊的街區，點了好吃的韓式炸雞，心想果然名不虛傳，下回還要再來吃！不過，再訪時小店已歇業，忍不住扼腕。

在寧靜街區閒晃了一圈，我來到熱鬧區。街道兩旁商場、餐廳、酒店、大型購物廣場應有盡有，就是少了點文化商店。

倘若你喜歡韓國美食，又需要在此站換車的話，不妨下車來吃點東西，也許會發現什麼是我錯過的唷！

01 路上招牌可見韓國字
02 史卓菲站出站後街景
03 史卓菲站熱鬧區的購物中心
04 熱鬧區街頭，幾乎都是餐廳

弗萊明頓站（Flemington Station）

　　Flemington（弗萊明頓）主要是有二個大型的批貨市集和其他小型市集。有些商家會在早晨時來批貨，一般民眾也會因為便宜而到這裡買齊一週的食物。在雪梨很難得看見人潮眾多的盛況，但週末來此很有機會躬逢其盛喔！

Sydney Markets（雪梨市場）　　‖ T2

> 地址：250-318 Parramatta Rd, Homebush West NSW 2140 ／電話：+61 2 9325 6200 ／網站：sydneymarkets.com.au ／時間：星期一星期五 03:00-12:00；星期二至星期四 04:00-12:00 (產品區域 A,B,C&E)；星期一至星期五 06:00-10:00 (種植區域 D) ／交通：出弗萊明頓站後，步行 5 分鐘

　　雪梨市場（Sydney Markets）位於弗萊明頓站，出站後步行 5 分鐘，會先跨過天橋，然後經過停車場就會抵達。由於市場離車站有一小段距離，打算大採購的朋友們記得要準備方便拖行的工具喔！

　　雪梨市場主要有蔬菜、水果、香料、花朵、廚房用具、服飾等主題商品可供選擇。共分為 A、B、C、D、E 五個區域，其中產品區域為 A、B、C 和 E。種植區域為 D。營業時間各有不同，建議前往前先到網站確定，以免撲空。

01 弗萊明頓車站
02 需要走過這天橋才會抵達市場區域

Paddy's Market Flemington（弗萊明頓帕迪市集） ‖ T2

地址：Building D 250-318 Parramatta Road Enter Via Potts St or, Austin Avenue, Homebush West NSW 2140／電話：+61 2 9325 6200／網站：paddysmarkets.com.au／時間：星期五 10:00-16:30；星期六 06:00-14:00；星期日 09:00-16:30／交通：出弗萊明頓站後，步行 10 分鐘

　　大名鼎鼎的帕迪市集，出弗萊明頓站（Flemington Station）後步行 7 分鐘，先跨過天橋，經過停車場、Sydney Markets 再繼續走就會抵達。Paddy's Markets Flemington 和中國城的 Paddy's Markets 商品品項及價位大同小異，只是這邊多了些香料、蔬果、糖果、食品可選擇。

　　市集外面有很多的蔬菜、水果在進行喊價，尤其到快結束時，甚至會有一箱草莓 10 澳幣（約臺幣 220 元）或是一簍青菜 5 澳幣（約臺幣 110 元）的便宜可撿。特別提醒由於水果擺在室外，較容易發霉爛掉，購買時在旁邊先看清楚再下手是比較明智的做法。

01 市場商品相對便宜，品質上也就沒有那麼講究
02 市集外面蔬菜、水果在進行喊價

 ## Pho Toan Thang（全勝中越餐館） ‖ T2

地址：90/95 The Crescent, Homebush West NSW 2140／電話：+61 2 9764 3687／時間：星期一至星期日 09:00-22:00／交通：出弗萊明頓站後，步行 3 分鐘

　　弗萊明頓站出站後分為左右兩邊，一邊是市集，另一邊則是餐廳店家。全勝中越餐館（Pho Toan Thang）最有名的是牛肉河粉，好吃與否看排隊人潮就知道了。有人認為這間牛肉河粉是雪梨的 Number 1，但我心目中第一名另有其店（請看 P112）。

全勝的排隊人潮

奧本站（Auburn Station）

　　奧本（Auburn）綜合了住宅及工商業區，房租相對比較便宜。這裡華人人口眾多，其次為土耳其人、巴基斯坦人、阿富汗人、黎巴嫩人等。在奧本小鎮上有一座宏偉的清真寺，郊區的植物園內有一座日本花園可以賞櫻喔！

New Star Kebab Family Restaurant 土耳其餐廳 ‖ T2

地址：15 Auburn Rd, Auburn NSW 2144／電話：+61 2 9643 8433／網站：newstarkebabrestaurant.com.au／時間：星期日至星期四 07:00-01:00；星期五、星期六 07:00-02:00／交通：奧本站右邊出口出站，步行 2 分鐘

　　在雪梨發現除了本地料理，泰國菜、越南料理、黎巴嫩料理等外國料理也相當受到喜歡。而奧本站就有兩家異國料理餐廳很受歡迎，分別是黎巴嫩和土耳其餐廳。

有著炭火香的土耳其烤肉串

　　New Star Kebab Family Restaurant 是一間土耳其餐廳，奧本站走右邊出口 2 分鐘就到，最有名的就是烤肉串（Kebab）。土耳其烤肉串做法變化多端，這裡的烤肉串特色是用炭火烤，此外，串起肉串的不是竹籤，而是大大的鐵製烤肉叉。因為肉會用店家獨門醃製配方先醃過，因此味道頗濃厚，再搭配上炭火味，好吃極了！

夜貓族福音

　　對了，New Star Kebab Family Restaurant 的營業時間到凌晨 1、2 點，這在雪梨是不常見的。對夜貓族來說，晚上還找得到美味料理可吃，是很令人感動的一件事啊！

Jasmin1 Lebanese Restaurant Auburn 黎巴嫩餐廳

地址：22 Civic Rd, Auburn NSW 2144 ／電話：+61 2 9643 8426 ／網站：jasminauburn.com.au ／時間：
星期一至星期日 08:00-23:00 ／交通：奧本站右邊出口出站，步行 3 分鐘

　　奧本站另一間高人氣餐廳是 Jasmin1 Lebanese Restaurant Auburn。
它是一間黎巴嫩餐廳，雖然有些吵雜擁擠，但是食物是物超所值地美味。
接下來的幾道菜餚你一定要試試。

珍惜難得的免費茶水

　　Labneh，Shankleesh
厚厚的酸奶搭配著黎巴嫩酥
炸麵包，最後淋上橄欖油，
是人人都愛的一道料理；
Sambousick，很像炸水餃，
5 顆 9 澳幣（約臺幣 200
元）；另外，田園沙拉（7
澳幣，約臺幣 155 元）、烤
Chicken Pices（12 澳幣，
約臺幣 270 元）也是推薦度
高的餐點。最貼心的是在這
用餐，餐後能有一杯免費的
好茶可以喝！

充滿華人商店的奧本街頭

在雪梨，使用者付費是常態

　　在雪梨的餐廳內用餐，基本上茶水是要付費的，所以若餐廳提供免費茶水，是很值得珍惜的
一件事。記得有一回用餐完畢結帳時，看見櫃檯上那裝滿了各式糖果的小碗，下意識伸出手拿糖
果時，忽然瞥見「一顆 0.5 元」的標示，這才回神。在雪梨使用者付費是常態，即便吃不完要打包，
也是需要另外付費的哦。

格蘭維爾站（Granville Station）

格蘭維爾站是個人口、店家都不多的小型轉運站。書中介紹的店家都集中在一小條路上。格蘭維爾（Granvill）的人口組成多元，有澳洲人、黎巴嫩人、華人等。由於它是個集合了住宅、工業、商業於一體的區域，房價相對便宜。

Hawa Charcoal Chicken 黎巴嫩餐廳　‖ T2

地址：43-45 South St, Granville NSW 2142 ／電話：+61 2 9637 3111 ／網站：ozfoodhunter.com.au
時間：星期日至星期六 09:30-00:00 ／交通：出格蘭維爾站後，步行 2 分鐘

　　格蘭維爾站雖然店家不多，但有一間遠近馳名的黎巴嫩餐廳，名叫 Hawa Charcoal Chicken。這間店最受歡迎的餐點是 Charcoal Chicken（木炭烤雞），非常值得介紹！

無法抗拒的烤雞香

　　這間烤雞烤得非常香，在方圓百尺外都聞得到那香氣，而且保證大家會因為那股撲鼻的香氣而來！另外，烤雞的肉質鮮嫩多汁，入味又不膩，一切恰到好處。還有還有，它的蒜泥醬也是不容錯過的醬料，一定要試試。

01 格蘭維爾站
02 Hawa Charcoal Chicken 店門口，門庭若市

El Sweetie 甜品店 ‖ T2

地址：73/75 South St, Granville NSW 2142 ／電話：+61 2 9760 2299 ／時間：星期一至星期三 08:00-23:00；星期四 08:00-00:00；星期五、六 08:00-01:00；星期日 08：00-00：30 ／交通：出格蘭維爾站後，步行 3 分鐘

　　El Sweetie 賣的是黎巴嫩點心、法式咖啡、果汁、以及冰淇淋。在櫃台上包裝成一袋一袋的商品，就是黎巴嫩各式綜合點心，也可以單點唷！我很喜歡它豐富的口感，其中最能擄獲我的心的是開心果口味點心。黎巴嫩點心不論宴客或自己享用都很合適。如果你特別喜愛點心類食物，或喜歡嘗試不一樣的食物，專程來一趟不會後悔的！

　　除了黎巴嫩點心，我也推法式咖啡。法式 Cappuccino 奶泡比澳式、義式的還要多，喝起來口感上較為濃烈，挺特別的。

01 一袋一袋黎巴嫩的各式綜合點心
02 層次口感很豐富的黎巴嫩點心
03 El Sweetie 很好辨識
04 黎巴嫩點心一定要試試
05 奶泡豐厚的法式咖啡

帕拉馬塔站（Parramatta Station）

　　帕拉馬塔站是雪梨重要的交通樞紐大站，有很多火車都會停靠在這站，公車流量也是相當的大。帕拉馬塔（Parramatta）是新南威爾斯第二大商業區域，也是政府積極發展的重點之一，商業氣息相當濃厚，許多重要的節慶活動都會在這同步舉行。

 帕拉馬塔站周遭

　　Parramatta 唸起來很長，所以有些人會唸成 Parra。喜愛逛街的人應該會覺得這裡是天堂。帕拉馬塔站出站後，從 Darcy St、George St、Church St 一路延伸到 Smith St，都是很熱鬧的主線道。鞋店、服飾店、包包店、日常用品店⋯⋯一應俱全，重點是這裡的價格還比其他區略微便宜。此外，小型購物中心如 Parramall；大型購物商城如 Westfield 也都有，任君挑選。逛累了，回到主要街道旁的標地廣場找間店坐坐，好不愜意！

01 帕拉馬塔站是個通往
　　各地的大站。出站後
　　就是公車要道
02 帕拉馬塔的逛街人潮
03 標地廣場

地址：Pitt St &, Macquarie St, Parramatta NSW 2150／電話：+61 2 9895 7500／網站：parrapark. com.au／時間：全年 24 小時／交通：出帕拉馬塔站後，步行 5 分鐘

　　被聯合國教科文組織列為世界遺產的帕拉馬塔公園 Parramatta Park，簡稱 Parrapark，占地廣大，風景如畫，現在常與音樂盛會合作，成為西雪梨首屈一指的藝術季新標地。

　　每當有免費音樂會在此舉辦，雪梨居民都會呼朋引伴，來到帕拉馬塔公園，在星空下席地而坐，一邊野餐一邊欣賞交響樂團的演奏，或是與樂團一起狂野。

　　除了聽場免費的音樂會之外，帕拉馬塔公園也是活動散步的好去處。公園內有一條 3.2 公里的自行車道，沿著河畔一直通到雪梨奧林匹克公園（Sydney Olympic Park）。除此之外，85 公頃寬廣的公園綠樹成蔭，內部還有野餐燒烤、兒童遊樂場所、咖啡店等設施，深受居民喜愛。

　　最後值得一提的是公園內還有二處古蹟可參觀，一處是舊總督府（Old Government House），一處是歷史悠久的 Dairy Precinct（澳大利亞最古老的殖民地之一）。臺灣也擁有很多漂亮的公園，我期待有一天也能像帕拉馬塔公園一樣，讓民眾能跟藝術、娛樂做個自在的結合。

帕拉馬塔公園位於帕拉馬塔河（Parramatta River）畔旁

PappaRich 馬來西亞餐廳

地址：Zone G Shop 2185A, 159-175 Church St, Parramatta NSW 2150 ／電話：+61 2 9633 3387 ／網站：papparich.net.au ／時間：星期日至星期三 11:00-21:30；星期四至星期六 11:00-22:00 ／交通：出帕拉馬塔站後，步行 1 分鐘

　　PappaRich 是一間常常高朋滿座的馬來西亞餐廳。距離帕拉馬塔站（Parramatta Station）很近，出站後走 1 分鐘就到。PappaRich 在雪梨已有幾家分店，Chatswood、Macquarie、雪梨市中心、Bankstown 等都有。

　　我很喜歡在雪梨品嚐馬來西亞料理，覺得口味比較道地。以下介紹我口袋名單內的餐點。炸雞飯：用印度五香米（Biryani Rice）配上炸雞，和加了森巴醬（Sambal）的茄子和蝦子；荔枝仙草凍，配上一些小碎冰，清涼消暑；印度煎餅（Roti Canai）：撕下熱呼呼的煎餅，一口一口沾著層次豐富的咖哩，美味；椰漿飯炸雞、椰漿飯配上炸鯷魚（我們俗稱小魚乾）、炒花生、水煮蛋、黃瓜片和每天製作的森巴辣椒醬（Spicy Sambal），這是馬來西亞風味十足的一道餐點，當然不能錯過。

臺灣分店口味不太一樣

　　PappaRich 在臺灣也有分店，翻譯為金爸爸。口味應該有針對臺灣人調整，和我在雪梨吃到的不一樣。

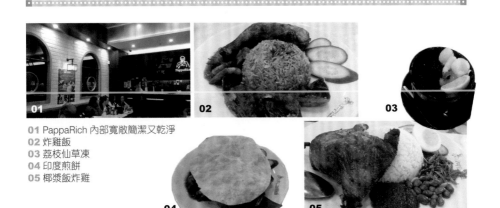

01 PappaRich 內部寬敞簡潔又乾淨
02 炸雞飯
03 荔枝仙草凍
04 印度煎餅
05 椰漿飯炸雞

Temasek 新馬料理

地址：71 George St, Parramatta NSW 2150 ／電話：+61 2 9633 9926 ／時間：星期二至星期日 11:30-14:30&17:30-21:30；星期一公休／交通：出帕拉馬塔站後，步行 5 分鐘

Temasek 是一間新加坡 & 馬來西亞料理餐廳，距離帕拉馬塔站（Parramatta Station）5 分鐘路程。店內最有名的是海南雞飯，除了雞肉滑嫩多汁，醬料也很好吃。Temasek 人潮絡繹不絕，相信其他菜餚也美味。

我很喜歡這裡的一款飲料，叫 Chendol Drink（珍多）。Chendol 是一條條綠色粉糰，主要成分是米粉與香蘭葉汁，口感有點像臺灣的米苔目，軟軟彈牙！在新加坡、馬來西亞最常搭配著刨冰、紅豆及椰汁等，吃起來清爽可口，色味俱佳。Chendol Drink 屬於點心類，是新加坡、馬來西亞、越南、印度等甜點名單中很常看到的經典，不同國家做法組合難免有些差異，在雪梨有看到的話不妨喝喝看。

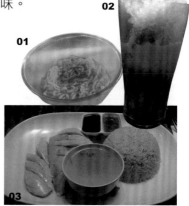

01 Chendol 在 2018 年 12 月被 CNN 列入世界 50 大甜點之一
02 Chendol Drink
03 海南雞飯

TATRA DELICATESSEN 歐貨店

地址：5/20 Victoria Rd, Parramatta NSW 2150 ／電話：+61 2 9630 7109 ／網站：tatradeli.com ／時間：星期一至星期三、星期五 09:00-18:00；星期四 09:00-19:00；星期六 09:00-15:00 ／交通：出帕拉馬塔站後，步行 8 分鐘

TATRA DELICATESSEN 賣的是波蘭、歐洲的食物、配料還有日用品。喜歡嘗試道地異國配料和各種不同風味的香腸（Sausage），可別錯過這間商店噢。

色彩鮮艷搶眼的 TATRA DELICATESSEN 店面

T3 T4

Bankstwon Line、
EasternSuburbs &
Illawarra Line

T3 線有穆斯林大站，也有雪梨很有名氣的越南河粉 AN Restaurant；T4 線上有兩個海灘，分別是人潮眾多的邦代海灘和不擁擠的克羅納拉海灘，還有好看好美的馬丁廣場、雪梨郵政總局，以及好玩的雪梨皇家公園。

01 邦代海灘是雪梨人氣海灘
02 郵政總局是典型維多利亞時期建築
03 在雪梨看見家樂福招牌

04 邦代海灘浪漫愜意的露天餐廳
05 Elizabeth Bay 美麗的街景
06 很老很老的火車時刻告示牌

North Shore T1 — Berowra
Mount Kuring-gai
Mount Colah
Asquith
Northern T1
Hornsby
Normanhurst
Thornleigh
Pennant Hills
Beecroft
Cheltenham
Epping T1
Epping
Eastwood
Denistone
West Ryde
Meadowbank
Rhodes
Concord West
North Strathfield

Carlingford T6
Carlingford
Telopea
Dundas
Rydalmere
Camellia
Rosehill

Olympic Park T7
Olympic Park

Hills
ongabbie
Pendle Hill
Wentworthville
Westmead
Inner West T2
Parramatta
Harris Park
Granville
Clyde
Auburn
Lidcombe T3
Lidcombe
Berala
Regents Park
Merrylands
Guildford
Yennora
Fairfield
nley Vale
ramatta
wick Farm
verpool
T3 Liverpool
Casula
enfield
quarie Fields
Ingleburn
Minto
Leumeah
pbelltown
Macarthur
South T8

Waitara
Wahroonga
Warrawee
Turramurra
Pymble
Gordon
Killara
Lindfield
Roseville
Chatswood
Artarmon
St Leonards
Wollstonecraft
Waverton
North Sydney
Milsons Point

Macquarie University
Macquarie Park
North Ryde

Flemington
Homebush
Strathfield
Burwood
Croydon
Ashfield
Summer Hill
Lewisham
Petersham
Stanmore
Newtown
Macdonaldtown

Hurlstone Park
Canterbury
Campsie
Belmore

Carramar
Villawood
Leightonfield
Chester Hill
Sefton
Birrong
Yagoona
Bankstown
Punchbowl
Wiley Park
Lakemba
Dulwich Hill
Marrickville

Turrella
Bardwell Park
Bexley North
Kingsgrove
Beverly Hills
Narwee

Holsworthy
East Hills
Panania
Revesby
Padstow
Riverwood

Circular Quay
Wynyard
Martin Place
Town Hall
St James
Museum
Central
Redfern
Kings Cross
Edgecliff
Bondi Junction
T4 Eastern Suburbs

Erskineville
St Peters
Sydenham

Green Square
Mascot
Tempe
Domestic Airport
International Airport
T8 Airport
Wolli Creek

Arncliffe
Banksia
Rockdale
Kogarah
Carlton
Allawah
Hurstville
Penshurst
Mortdale
Oatley
Como
Jannali
Sutherland
Kurrawee
Gymea
Miranda
Caringbah
Woolooware
Cronulla
T4 Cronulla
Loftus
Engadine
Heathcote
Illawarra T4 — Waterfall

班克斯鎮站（Bankstown Station）

班克斯鎮（Bankstown）是穆斯林的大本營，其實在雪梨多多少少都會看到穆斯林圍著簡單的 Hijab 頭巾（包住頭髮露出臉）。但在班克斯鎮你會看到很多人穿著 Burqa（只露出眼睛的黑色全身罩袍）。

AN Restaurant 越式餐廳 ‖ T3

地址：27 Greenfield Parade, Bankstown NSW 2200 ／電話：+61 2 9796 7826 ／網站：anrestaurant. com.au ／時間：每日 07:00-21:00 ／交通：出班克斯鎮站，步行 5 分鐘

班克斯鎮站是穆斯林大站，而這裡有一間享有雪梨最好吃越南河粉美名的越式餐館——AN Restaurant。它離班克斯鎮站很近，出站後步行 5 分鐘就到。

當初我是衝著它的高評價而來，果不其然是需要排隊的。店內客人很多，不過上菜速度頗快，一坐下來服務生就端來了一大盤豆芽菜、羅勒和

ANRestaurant 名片

檸檬，讓客人等會加在麵裡。也許是每個人的口味不盡相同，我……只吃過一次。但大家還是可以來試試，畢竟青菜蘿蔔各有所好喔！

拍照時多留意，這裡的人重隱私

在這邊拍照要很小心注意，居民相對注重隱私。記得我在逛完班克斯鎮廣場（Bankstown Central）後，走到 Stand1 搭公車前拍了公車站風景，隨後一位中年男子追上來表示我拍到他的小孩。我檢視相片放大好幾倍後，在角落發現小男孩身影，最後在對方要求下刪除了照片。對於文化差異本就應該尊重，特別提醒大家留意囉！

邦代交界站（Bondi Junction Station）

邦代交界站位於 T4EasternSuburbs&IllawarraLine 這條線上。對於非常愛逛街的我來說，這站不外乎是個寶，有別於其他地區，例如熱鬧的市中心，店面重複性較高，走到哪總是看到連鎖店，邦代交界站的百貨擁有特別品牌進駐，像是廚房用品、包包、甚至食品也與其他地區做了商品區隔，特別喜歡來這裡逛街。

 ## Bondi Beach（邦代海灘） ‖ T4

邦代海灘是雪梨大名鼎鼎的海灘之一，想要來這裡你可以搭上 T4 線，邦代交界站下車後依循著指標到公車站，搭個 10 幾分鐘就可以到了。這裡公車班次很多，要前往邦代海灘的人也多，跟著人潮走不怕走失。

從邦代交界站換公車到邦代海灘是最快的方式，從市中心換公車也是可以到達，但就是會繞上一段時間。

在雪梨其實除了搭火車，有時可以再轉公車，就可以到有名又很受歡迎的地方遊玩，大家不妨嘗試看看。而且，搭公車欣賞風景也是個很棒的旅遊方式。像是離邦代交界站不遠處的邦代海灘（Bondi Beach）、德寶灣（Double Bay）、玫瑰灣（Rose Bay）都是很不錯的地方，有很棒的商店跟餐廳，是我相當愛去的地方之一。Double Bay 跟 Rose Bay 搭渡輪也可以到哦！（參考 P159）

邦代交界站大型購物中心的品牌獨特

來邦代海灘一定要踩沙

邦代海灘是雪梨重要的旅遊景點，於 2008 年加入澳大利亞國家遺產名錄中。它的海岸線綿延 1 公里，海水透藍清澈，景色優美，是個讓人心曠神怡，放鬆心情的美好海灘！

特別要說的是邦代海灘沙子的質感柔軟舒服，是我喜歡這裡的原因之一。如果你來到邦代海灘，一定要脫下鞋子赤腳踩踩這裡的沙子。

衝浪客的天堂

　　來到邦代海灘（Bondi Beach）除了可以看見許多訪客慵懶地趟在沙灘上曬太陽做日光浴之外，還可以看見許多衝浪好手正在海裡乘風破浪。

　　邦代海灘長約一公里，衝浪救生隊給予邦代海灘不同的危險等級，北端海灘被評為溫和 4（10 為最危險），南端海灘被評為 7，因此被稱為 Backpackers'Rip（背包客 RIP）。因為它靠近公車站，容易讓人失去戒心，許多遊客沒有意識到平坦的水其實是一個裂口，相當危險。海灘南端通常會預留衝浪板，並放上黃色和紅色的旗幟定義安全的游泳區域，建議遊客們一定要遵守規則，在旗幟之間游泳才是保護自身安全的方法。

　　另外要特別提醒，澳大利亞的鯊魚真的很多，連邦代海灘這塊觀光聖地也不例外，所以在水下有設下鯊魚網，由於網子不能拉伸整個海灘，因此採用重疊方式組成，以降低遊客被鯊魚襲擊的可能。總之，在這裡玩水請務必注意安全。

來曬日光浴

　　除了衝浪，大家也喜愛來到邦代海灘做日光浴。大部分的人穿著泳衣，偶爾沙灘上會看見全裸日光浴，大家並不會大驚小怪唷！

01

話雖如此，其實關於海邊穿著，邦代海灘可是有一段歷史的。一直以來邦代海灘對於沙灘上的衣著要求很嚴格，1935～1961 年之間甚至會進行服裝儀容檢查。1951 年美國電影演員 JeanParker 在澳大利亞度假時，就曾因為檢查員認定她的比基尼泳衣太輕薄，遭到「護送」離開海灘，當時還成為國際頭條新聞。

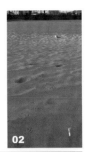
02

01 會一直一直想來的邦代海灘
02 邦代海灘細軟的沙灘

海灘嬌客令人難以忽視

在邦代沙灘（Bondi Beach）基本配備除了藍天白雲陽光沙灘之外，一定不會缺的還有 Silver Gull（紅嘴鷗）。千萬不要被牠可愛的模樣騙了，牠們以掠奪食物為樂，在這裡常常看到人們抱著食物竄逃的有趣畫面。

美食加沙灘，人間一大享受

海灘旁邊有一整排美食店，我這麼愛美食，當然不能錯過。此外，夜晚中的邦代海灘有很多間露天餐廳，在海邊吃著晚餐配上一瓶啤酒，度過悠然自得的夜晚。基本上邦代海灘旁的餐廳都有相當的水準，選一間喜愛的裝潢、挑一間你滿意的餐廳視野，勇敢走進去吧！

01 紅嘴鷗在澳洲無所不在
02 邦代海灘美食街道
03 邦代海灘浪漫愜意的露天餐廳

最愛的是邦代

邦代海灘常被拿來跟曼利海灘（Manly Beach）做比較，當然，這種比較沒有標準答案，各有支持者。比較有趣的是當地人都比較喜歡曼利海灘。或許因為我是觀光客，更或許是那曾經瘋狂的舉動，讓邦代深深烙印在我腦海中。記得我曾經從邦代海灘散步 11 公里回到雪梨市中心，到達沒多久也就天亮了，剛好迎接雪梨歌劇院的曙光。到現在的回憶還記憶猶新，偶爾做件瘋狂的事情也是很不錯的！

邦代海灘歷史

Bondi 是原住民用語，意思是「水破壞岩石」。話說邦代海灘的故事起源於 1851 年，當年愛德華史密斯霍爾（Edward Smith Hall）和弗朗西斯奧布萊恩（Francis O'Brien）一起購買了占地 200 英畝的邦代地區。後來，在 1855 ～ 1877 年之間，奧布萊恩陸續買下了霍爾所有的土地，並將土地改名為奧布萊恩莊園「O'BrienEstate」。

一開始奧布萊恩將海灘和周邊土地作為野餐場地和娛樂場，並向公眾開放。但隨著人潮大量湧入，奧布萊恩開始散發出停止開放的訊息。最後市議會認為政府需要介入將海灘作為公共財產。1882 年 6 月 9 日，邦代海灘成為公共海灘。

邦代海灘海天一線的美好風景

Bondi Markets（邦代市集）

地址：Campbell Parade, Bondi Beach NSW 202 ／所在地點：Bondi Beach Public School ／電話：+61 2 9315 7011 ／網站：bondimarkets.com.au ／時間：星期六 09:00-13:00；星期日 10:00-16:00 ／交通：到邦代海灘後，步行 5 分鐘

　　邦代市集（Bondi Markets）是週末限定市集，位於邦代海灘（Bondi Beach）附近的 Bondi Beach Public School，走路 5 分鐘就到囉，很近。攤位上商品琳瑯滿目，創意品、手工藝品、二手商品、服飾、餐飲都有。在同一地點，早上有 Bondi Farmers Market，據說雪梨人最愛的主題市集就是農夫市集。來到邦代海灘可以繞過來晃晃，說不定有意外的收穫喔！

多采多姿的邦代市集

國王十字站（Kings Cross Station）

　　國王十字站是雪梨著名的紅燈區。在街道上可以看見真人秀表演店家、女郎街頭招攬客人等特色景象。哈利波特迷對於這站名應該很熟悉，九又四分之三月台就在英國的 Kings Cross Station。來到澳洲你會發現英語系國家所使用的站名和路名很多一樣。

 Elizabeth Bay House（伊麗莎白灣） ‖ T4

地址：7 Onslow Ave, Elizabeth Bay NSW 2011 ／電話：+61 2 9356 3022 ／網站：sydneylivingmuseums. com.au ／時間：星期五至星期日 10:00-16:00 ／交通：出國王十字站後，步行 20 分鐘

　　到了國王十字站，不妨慢慢踱步到伊麗莎白灣（Elizabeth Bay），這一帶的房子很古典好看。雖然，路程有一小段約 20 分鐘，但我仍然覺得值得一訪。其中，Elizabeth Bay House 被譽為殖民時期最美麗的私人住宅，建於 1835 年是棟百年建築。目前它被規劃成博物館，入內需要門票，成人票價是 12 澳幣（約臺幣 270 元）。

　　如果您對歷史或是建築、裝潢很有興趣的話，很推薦去一趟。出國王十字站後，步行 20 分鐘可抵達。搭渡輪（Ferry）到 Elizabeth Bay Marina 這站再步行 5 分鐘也可以。

01 國王十字站街頭可見招攬客人的街頭小姐
02 招牌用字火辣的店家
03 從國王十字站漫步到伊麗莎白灣的街景
04 伊麗莎白灣美麗的街景和古典的房子

馬丁廣場站（Martin Place Station）

馬丁廣場站位於雪梨的心臟地帶，包含商務、金融中心總部及 7 號電視台新聞播報室都在此。馬丁廣場站就在馬丁廣場的地底下，搭手扶梯上來後便可到達馬丁廣場。

Martin Place（馬丁廣場） ‖ T4

地址：1 Martin Pl, Sydney NSW 2000 ／時間：全年 24 小時／交通：出馬丁廣場站後即是

馬丁廣場（Martin Place）是雪梨的城市心臟，廣場有幾處相當知名的建築，例如 7 號電視台新聞播報室、戰爭紀念碑等。

7 號電視台從外面透明玻璃可以看到主播在裡面播報新聞，因此，常常可以看到路人在外觀望的有趣景象。

馬丁廣場中央設有戰爭紀念碑，主要紀念第一次世界大戰中的澳紐軍團戰士。這邊常見到路邊擺賣著鮮花，而紀念碑旁的鮮花也是不曾間斷。

01 7 號電視台播報室
02 戰爭紀念碑

General Post Office（雪梨郵政總局）

地址：1 Martin Pl, Sydney NSW 2000 ／電話：+61 2 9229 7700 ／網站：gpogrand.com ／時間：星期一至星期五 07:00-00:00 星期六星期日 08:00-00:00 ／交通：出馬丁廣場站後，步行 3 分鐘

雪梨郵政總局 General Post Office 簡稱 GPO，位於 Martin Place 與 George Street 的交界處，是雪梨最大砂岩建築地標。郵政總局從 1866 ～ 1891 年間分階段修建完成。在建造的過程中，鐘樓時鐘的選擇和建築雕刻受到輿論的強烈批評。但建築師 JamesBarnet 力排眾議堅持自我設計，結果後來有人甚至將 Pitt St（皮特街）那面拱廊雕刻譽為「澳大利亞藝術的開端」。

1996 年開始，政府將雪梨郵政總局出租給私人企業，目前有商店、咖啡廳、餐館、酒吧、歌舞表演等。郵政總局建築內部非常寬闊挑高，每一間餐廳都有其風格，路過時不妨進去參觀參觀。

01 郵政總局
02 郵政總局內部拱形砂岩和花崗岩拱廊

 # State Library of New South Wales（新南威爾斯州立圖書館）

地址：Macquarie St, Sydney NSW 2000 ／電話：+61 2 9273 1414 ／網站：sl.nsw.gov.au ／時間：星期一至星期四 09:00-20:00；星期五 09:00-17:00 ／交通：出馬丁廣場站後，步行 2 分鐘

新南威爾斯州立圖書館的外觀和藝術館挺像，都是很美的建築。這裡相當安靜，是閱讀學習、研究的好地方。除了館藏豐富，還有展覽可供欣賞。圖書館內的每一張桌子，都附有插座可供筆記型電腦作業，館內提供快速的無限上網，就算不是學生，沒有論文報告要趕，我也覺得來這裡是一種享受。內部巨型柱上的精美雕刻、閱覽室令人大開眼界的書櫃和典藏，皆令人印象深刻。

好市圍站（Hurstville Station）

　　好市圍站是華人最大的聚集大站，在這裡亞洲食品齊全，交通、生活也很方便。從車站內開始就有很多店家圍繞，例如臺灣、中國、馬來西亞小吃，好不熱鬧。

Hurstville Central 大型購物中心　　‖ T4

地址：225 Forest Rd, Hurstville NSW 2220 ／電話：+61 2 9580 0277 ／網站：hurstvillecentral.com.au ／時間：星期一至星期三 09:00-17:30；星期四 09:00-21:00；星期五 09:00-18:00；星期六 09:00-17:00；星期日 10:00-16:00 ／交通：出好市圍站後，步行 2 分鐘

　　Hurstville Central 是一間大型購物中心，位於好市圍站上方，步行 2 分鐘就能抵達。商場內亞洲食品、商品應有盡有。

　　好市圍站出站後有很多以華人為中心的雜貨店、亞洲餐廳，還有 Westfield 百貨公司。時間充裕的話也是可以到周遭逛逛。由於好市圍站是華人大站，相對會有較多工作機會。很多華人來打工旅遊會選擇在此居住和工作。

01 好市圍站是 T4 線上的華人大站
02 好市圍街頭招牌隨處可見中文字

科莫站（Como Station）

科莫站是 T4 上的一個小站，這裡以住宅區為主，出站後是典型的郊區型態，一棟棟獨立住宅前連接著平坦的馬路，兩旁種滿行道樹，整體氛圍悠閒。

 科莫站小小探險 ‖ **T4**

我會造訪科莫站是因為從瀑布站（Waterfall Station）回程時，覺得 Como 發音很可愛，心想這區也許會很有趣，一時興起就跳下了火車。

科莫站外周遭沒有任何商店，就是個寧靜的住宅，一片祥和。因為對這小站還是充滿好奇，回去後上網找了一些資料，發現在這裡每週日 9:00-14:00 會有一個 Como Markets 的小市集，就在距離火車站大約 10 分鐘的路程。

對了，站在科莫站月台，可以遠眺 Carina Bay（卡瑞娜灣）。當初我就是這樣一邊欣賞風景，一邊等待下一班火車的到來。

01 在科莫站可以遠眺 Carina Bay（卡瑞娜灣）
02 科莫站出站後的另一面都是住宅區

瀑布站（Waterfall Station）

Loftus Station（洛夫特斯站）、Engadine Station（恩加丁站）、Heathcote Station（希思科特站）、Waterfall Station（瀑布站）、Helensburgh Station（海倫斯堡站）這五站火車站環繞著雪梨皇家國家公園（Royal National Park），不同站看到的皇家國家公園景色，各有千秋。

 ## 樂 Royal National Park（雪梨皇家國家公園） ‖ T4

地址：Sir Bertram Stevens Dr, Royal National Park NSW 2233 ／電話：+61 2 9542 0648 ／網站：nationalparks.nsw.gov.au ／時間：星期一至星期日 07:00-20:30

　　瀑布站是環繞雪梨皇家國家公園（Royal National Park）其中一站。實際上如果要前往雪梨皇家國家公園，從洛夫特斯站可以最快抵達它的中心點。我選擇從瀑布站過去，主要是因為想來看看瀑布站古老的火車時刻告示牌。本來以為時刻表已經古老到不會動了，結果發現它還提供服務中，站名會照著時刻進而翻動改變，超酷！

　　雪梨皇家國家公園成立於 1879 年，是世界第二古老的國家公園，具有獨特的文物景色（園中可以發現令人難以置信的原住民岩石藝術及石頭文物）、動植物。此外，國家公園內還擁有海灘、熱帶雨林、崎嶇的灌木叢、150 公里的步道。16000 公頃的園內可以進行露營野餐、健行、釣魚、賞鳥、衝浪、騎自行車、划獨木舟等活動。伊莉莎白女王二世也曾於 1954 年造訪喔！

01 瀑布站古老的火車站時刻告示牌
02 瀑布站前往雪梨皇家國家公園的指標路線

克羅納拉站（Cronulla Station）

克羅納拉站一出站即可到達克羅納拉海灘（Cronulla Beach），那裡是衝浪、趴板者的聖地。克羅納拉海灘周邊有餐廳、購物商圈還有電影院圍繞，只是規模不若邦代海灘（Bondi Beach）和曼利海灘（Manly Beach）那樣大。

Cronulla Beach（克羅納拉海灘）　　‖ T4

克羅納拉站出站後，步行 2 分鐘即抵達海邊，實在是超級方便！如果你很喜歡去海邊，Cronulla Beach 絕對是你的首選。它可是雪梨唯一一處可以搭火車就到的海岸唷！

克羅納拉海灘有著「南雪梨最美的沙灘」之美譽，它之所以很受歡迎的原因是因為樸實，沒有太多包裝，沒有太多人潮。來這裡你可以看到雪梨居民生活的日常，帶著簡單的餐點、寵物、小孩，來到沙灘上野餐。

01 克羅納拉站
02 克羅納拉站出站後，直走進去即可直達海邊

克羅納拉海灘（Cronulla Beach）也是衝浪客愛來的聖地，這裡海水顏色是很舒服的淡藍。雖然這裡的沙不若邦代海灘那樣細軟，但找個時間來晃晃，在海灘上恣意享受風景和放鬆，順便欣賞衝浪好手們矯健的身手，也是很美好的日常！

01 克羅納拉海灘周邊商店及餐廳
02 很可惜來到海灘的這天陰雨綿綿

Cumberland Line

T5 這條線，大眾對它的印象是
落後、貧困、較複雜的區域。跟我
住在一起的英國媽媽，在澳洲住幾
十年了，也是告訴我這些較複雜的
地方，她從來不想去。不過，對我
來說每個地區都有它獨特的文化和
風俗民情，每次拜訪都是一趟驚奇
冒險之旅，也是難得的體驗！

01 有趣的野生動物園
02 模特兒身上的服飾充滿中東風情
03 我的最愛 Dong Ba 順化牛肉粉

04 彷彿來到越南的雪梨越南城
05 動物園內可以近距離接觸的無尾熊,可愛

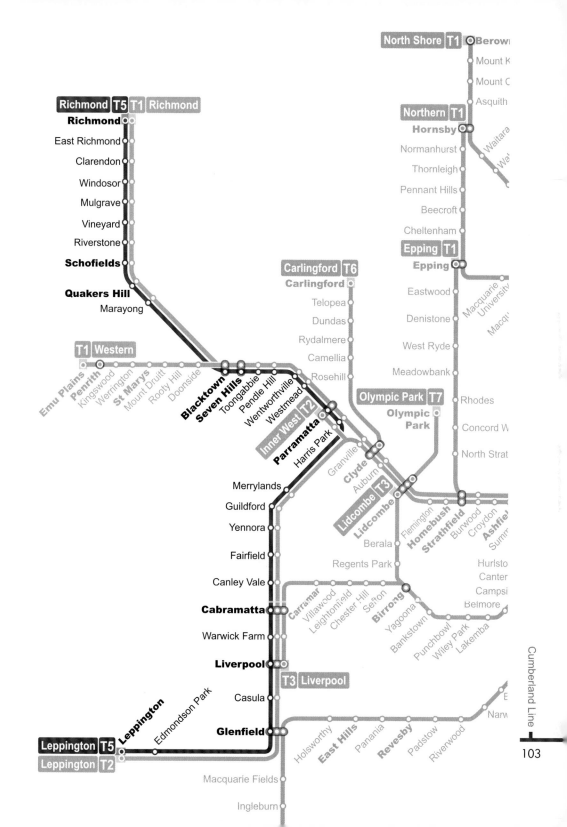

North Shore T1
Berow...
Mount K...
Mount C...
Asquith

Northern T1
Hornsby
Normanhurst
Thornleigh
Pennant Hills
Beecroft
Cheltenham
Waitara
Wa...

Epping T1
Epping
Eastwood
Denistone
West Ryde
Meadowbank
Macquarie University
Macq...

Richmond T5 T1 Richmond
Richmond
East Richmond
Clarendon
Windsor
Mulgrave
Vineyard
Riverstone
Schofields
Quakers Hill
Marayong

Carlingford T6
Carlingford
Telopea
Dundas
Rydalmere
Camellia
Rosehill

Olympic Park T7
Olympic Park
Rhodes
Concord W...
North Strat...

T1 Western
Emu Plains
Penrith
Kingswood
Werrington
St Marys
Mount Druitt
Rooty Hill
Doonside
Blacktown
Seven Hills
Toongabbie
Pendle Hill
Wentworthville
Westmead

Inner West T2
Parramatta
Harris Park
Granville
Clyde
Auburn

Lidcombe T3
Lidcombe
Flemington
Homebush
Strathfield
Burwood
Croydon
Ashfiel...
Summ...

Merrylands
Guildford
Yennora
Fairfield
Canley Vale
Berala
Regents Park

Hurlsto...
Canter...
Campsi...
Belmore

Cabramatta
Warwick Farm
Liverpool

Carramar
Villawood
Leightonfield
Chester Hill
Sefton
Birrong
Yagoona
Bankstown
Punchbowl
Wiley Park
Lakemba

T3 Liverpool
Casula

Leppington T5 Leppington
Leppington T2
Edmondson Park
Glenfield

Holsworthy
East Hills
Panania
Revesby
Padstow
Riverwood

E...
Narw...

Macquarie Fields

Ingleburn

Cumberland Line

103

布萊克敦站（Blacktown Station）

　　布萊克敦（Blacktown）屬於黑人區，這邊就像電影演的一樣，也是我唯一真心建議不要獨自走在街頭的區域。布萊克敦早上還算寧靜，再晚一點就會很亂。若要前往特定地址，建議到站後搭乘交通工具如計程車，避免步行。

Featherdale Wildlife Park（野生動物園）　　‖ T5

地址：217 Kildare Rd, Doonside NSW 2767 ／電話：+61 2 9622 1644 ／網站：featherdale.com.au
時間：星期一至星期日 08:00-17:00 ／交通：出布萊克敦站後，步行 8 分鐘

　　會來到布萊克敦站，有絕大多數的人是因為要前往 Featherdale Wildlife Park。其實動物園離布萊克敦站不算遠，出火車站沿著 Doonside 這條路一直直走，步行 8 分鐘就會抵達。只不過因為布萊克敦站這裡治安相對差，建議可以找 Featherdale Wildlife Park 野生動物園的旅行團過去。

　　如果你到了此站，覺得周遭氛圍還可以，沒想像中危險，也可以和我一樣趨步前往動物園，只是要記得行為舉止和服裝儀容別太過怪異，不要引起別人的關注就好。

野生動物園門口，樹上的裝飾無尾熊就像是動物園的活招牌

與動物近距離接觸

　　Featherdale Wildlife Park 野生動物園占地不算超大，優點是沒有太多遊客，可以花上大把時間和很多動物自在互動，對喜愛動物的人來說這可是一大福音，像我就覺得這裡超好玩！

鴯鶓陪我一起逛大街，袋鼠媽媽的育兒袋裡有小袋鼠

　　來到動物園內，會有不少動物從你眼前飛過、身邊走過。像我就碰到澳大利亞的國鳥——鴯鶓在園內陪我一起逛大街，真的真的好可愛。當然，澳大利亞的國徽上的另一隻動物——袋鼠這裡也有。能近距離看見袋鼠媽媽忙著覓食，育兒袋裡的小袋鼠也忙著找尋食物的畫面，覺得新奇。

企鵝搖搖，無尾熊抱抱

　　還有還有，這裡也可以近距離欣賞企鵝，看著企鵝的日常活動、聽著企鵝們發出的聲音，感覺真是妙不可言。當然，Featherdale Wildlife Park 的重頭戲就是卡哇伊的無尾熊啦！在澳洲抱無尾熊是有地區限制的，在這裡也只能摸頭部以下的部位喔！因為觀光客不多，那天很幸運地和無尾熊獨自相處了將近二個小時，真是太值得了。

雪梨最常見的鳳頭鸚鵡

　　最後鳳頭鸚鵡（Cockatoo）你一定也會見到。它們在澳洲很常見。鳳頭鸚鵡約有 20 幾種品種，牠們神經質且聲音尖銳洪亮，在太陽下山的時候會一起群叫，那聲音真的是響徹雲霄。

01 懶洋洋的無尾熊，可愛
02 針鼴吃東西囉
03 近距離欣賞企鵝，棒
04 鳳頭鸚鵡（Cockatoo）在雪梨很常見

Sydney Motorsport Park 賽車場 ‖ T5

地址：Ferrers Rd, Eastern Creek NSW 2766 ／電話：+61 2 9672 1000 ／網站：
sydneymotorsportpark.com.au ／交通：出布萊克敦站後，步行 30 分鐘（建議搭計程車）

　　Sydney Motorsport Park 是很名的賽車、摩托車比賽場地。不過，它距離布萊克敦站（Blacktown Station）挺遠的，需要步行 30 分鐘，安全起見我建議搭乘計程車或自行開車過去。

Wet'n'Wind Sydney（雪梨水上狂歡遊樂園）

地址：427 Reservoir Rd, Prospect NSW 2148 ／電話：+61 2 8857 1000 ／網站：wetnwildsydney.
com.au ／時間：星期五至星期日 10:00-17:00 ／票價：以網站為準／交通：出布萊克敦站後，步行 35
分鐘（建議搭計程車）

　　雪梨水上狂歡遊樂園有各種不同形式的刺激長水道，還有練習衝浪的區域、兒童戲水池、沙灘、恐龍公園等。建議星期五去以避開假日及學校假期，這樣能縮短大排長龍的時間。如果不幸只有假日有空，那麼可以購買較貴的快速通行證喔！

Skyline-Drive In Blacktown（露天汽車電影院） ‖ T5

地址：Cricketers Arms Rd, Blacktown NSW 2148 ／網站：eventcinemas.com.au ／時間：以網站活動
為準／交通：出布萊克敦站後，步行 30 分鐘（建議搭計程車）

　　露天汽車電影院顧名思義就是坐在汽車上欣賞以夜空為天的超大露天電影院，看到各種汽車一排排的停好，感覺就像是汽車的嘉年華，非常浪漫好玩。

梅里蘭茲站 (Merrylands Station)

梅里蘭茲站不是很繁華的小站，但由於好朋友住在這區，所以我不自覺地對梅里蘭茲（Merrylands）這地方產生好感。雖然這裡不特別繁榮，但卻是擁有多種異國美食的天堂，推薦來這區吃吃道地的阿富汗菜，喝喝巴基斯坦風格的果汁和冰淇淋。

Stockland Shopping Center 購物中心　∥ T5

地址：1 McFarlane Street &, Pitt St, Merrylands NSW 2160 ／電話：+61 2 9682 1855 ／交通：出梅里蘭茲站後，走路 6 分鐘

梅里蘭茲是擁有多種國家文化的區域，半數是澳洲人、再來是黎巴嫩、中國、印度、阿富汗、菲律賓等國居民。順道一提，梅里蘭茲站是我在雪梨看到最多借錢店鋪的地區。

梅里蘭茲有一間相當大的購物中心叫 Stockland，距離火車站只要 6 分鐘的路程。購物中心裡面有上百間店面，應有盡有，很有得逛。在國外建築物都不太高，Stockland 也是，只有兩層但占地相當廣，從頭走到尾約莫一公里。實際上，Stockland 是澳洲有名的房地產集團之一，目前以多元化的商業模式在經營，商業觸角伸及物流、商業園區及退休生活社區等。

01 Stockland Shopping Center
02 梅里蘭茲街上的借錢店鋪

Brimo's café & Restaurant 義大利餐廳

地址：5/215 Pitt St, Merrylands NSW 2160 ／電話：+61 2 8677 5060 ／網站：brimos.com.au ／時間：星期一至星期三 15:00-00:00；星期四至星期日 12:00-00:00 ／交通：出梅里蘭茲站後，步行 4 分鐘

當初我一直在 Brimo's Café & Restaurant 義大利餐廳和 Itza Pizza Bar and Grill 黎巴嫩餐廳舉棋不定，猶豫不決。來回走了兩次之後選擇了 Brimo's。只能說沒吃到評價不錯的黎巴嫩餐廳也沒有後悔，Brimo's 是我在雪梨吃過最好吃的義大利麵！

Brimo's 的義大利麵是我在雪梨吃過最好吃的

評價很好的 Itza Pizza Bar and Grill

Itza Pizza Bar and Grill 也是擁有好評價的一間餐廳，大家可以前往試試。
地址：5 Miller St, Merrylands NSW 2160
電話：+61 2 9637 2873
網站：itza.com.au
時間：星期一至星期六 17:00-00:0；星期日 17:00-22:00

Agha Juice 果汁專賣店

地址：2 Memorial Ave, Merrylands NSW 2160 ／電話：+61 2 8677 8192 ／時間：星期一至星期日 07:00-00:00 ／交通：出梅里蘭茲站後，步行 4 分鐘

在 Merrylands Rd 上有幾間很不錯的店家，果汁專賣店 Agha Juice 是其中一間。這裡販售正宗巴基斯坦卡拉奇城市（Karachi）的甜點飲品 Falooda。每個店家對於 Falooda 的搭配都有各自的配方，最後會在上層放上一顆冰淇淋，而冰淇淋品質的好壞會對 Falooda 有很大的影響。

Kabul House Restaurant 阿富汗料理

 ‖ T5

地址：186A Merrylands Rd, Merrylands NSW 2160 ／電話：+61 2 9682 4144 ／時間：星期一至星期日 12:00-22:00 ／交通：出梅里蘭茲站後，步行 4 分鐘

　　Kabul House Restaurant 被譽為雪梨最好的傳統阿富汗美食之一，如果您對阿富汗食物有興趣的話可以嘗試看看。特別提醒因為這裡人潮總是眾多，因此服務品質和用餐舒適度難免打折扣，大家就別放心上囉！

Mina Bakery Pizza And Café 黎巴嫩料理

‖ T5

地址：174 Merrylands Rd, Merrylands NSW 2160 ／電話：+61 2 9760 1919 ／網站：business.site ／時間：星期一至星期六 05:00-21:00；星期日 05:00-18:00 ／交通：出梅里蘭茲站後，步行 3 分鐘

　　Mina Bakery Pizza And Café 也在 Merrylands Rd 上，出梅里蘭茲站步行 3 分鐘就會到了。

這是一間黎巴嫩風格餐廳，最特別的是黎巴嫩風格的奶酪披薩餅和酸奶飲料，價格親切，CP 值高。奶酪、酸奶是黎巴嫩料理的主打，想了解他們的文化，就嘗試看看吧！

01 梅里蘭茲中東餐點料理還不少
02 梅里蘭茲街頭上店家散落零星
03 路邊好吃小點心

費爾菲爾德站（Fairfield Station）

在雪梨旅居期間，我曾經路過費爾菲爾德站 4、5 次，但因為這站很小，熱鬧區也不在火車站旁，因此我沒下去觀光過。雖然出站走 10 至 15 分鐘，會陸續有 2 間大型購物中心和 3 家百貨公司，但對它的印象最多的是火車行經時的風景。

 ## 有裝鐵欄杆圍欄的家 ‖ T5

費爾菲爾德站是個很小的站，我只是經過並沒下去逛逛。路過時發現一個奇特的現象，這邊的房子不約而同會在大門前加裝鐵欄杆圍欄。有些甚至整棟房子都被鐵欄杆圍起來，這在雪梨是不常見的景色。各式各樣的圍欄裝飾，儼然成為這區民眾的保護色。

由於費爾菲爾德站人口分布最多的是伊拉克人，再來是越南、中國、柬埔寨、澳洲、菲律賓。心中總忍不住揣測，不知道這奇特的景象和多元組成人口有沒有關係呢？

從簡樸的外型就可知曉費爾菲爾德站是小站

費爾菲爾德站餐廳介紹

費爾菲爾德區組成人口多元，上網查詢後發現有不少評價不錯的異國料理，伊拉克餐廳、寮國餐廳、中東風味餐廳、傳統波斯菜、智利餐廳、素食餐廳都頗受到當地推崇。熱愛美食的我，現在想起來有些後悔當時沒下車走走。只好上網幫大家收集幾間風評不錯的餐廳，如下：

Aldhiaffah Al Iraqi 伊拉克餐廳

地址：13 The Crescent, Fairfield NSW 2165
電話：+61 2 9755 0870
時間：星期一至星期五 11:00-20:30；星期六至星期日 11:00-22:30
交通：出費爾菲爾德站，步行約 4 分鐘

Lao Village 寮國餐廳

地址：29 Dale St, Fairfield NSW 2165
電話：+61 2 9728 7136
時間：星期一至星期日 12:00-22:00
交通：出費爾菲爾德站，步行約 3 分鐘

Kebab Abu Ali 中東風味餐廳

地址：1/41-47 Spencer St, Fairfield NSW 2165
電話：+61 2 9723 3644
時間：星期一至星期日 09:00-22:00
交通：出費爾菲爾德站，步行約 5 分鐘

Shandiz Persian Arabic Afghani Restaurant 傳統波斯菜

地址：40 Ware St, Fairfield NSW 2165
電話：+61 2 9755 5247
時間：星期一至星期日 10:30-22:00
交通：出費爾菲爾德站，步行約 3 分鐘

La Paula 智利餐廳

地址：9 Barbara St, Fairfield NSW 2165
電話：+61 2 9726 2379
時間：星期一至星期五 08:30-17:00 星期六星期日 07:00-17:00
交通：出費爾菲爾德站，步行約 10 分鐘

Loving Hut Vegan Cuisine Fairfield 素食餐廳

地址：neeta city shopping center, g47/54 Smart St, Fairfield NSW 2165
電話：+61 2 8764 8547
時間：星期一至星期六 09:30-22:00
交通：出費爾菲爾德站，步行約 6 分鐘

卡巴瑪塔站（Cabramatta Station）

卡巴碼塔站原則上是個越南城，簡稱 Cabra。它是雪梨最大的越南區，想要了解越南的生活、飲食文化，來這裡肯定錯不了！槍枝、毒品交易是這區長期以來予人的印象，不過經過政府反毒品管制，現在這裡已經搖身一變成為有名的美食所在地！

Dong Ba Restaurant 越式料理 ‖ T5

地址：5/117 John St, Cabramatta NSW 2166 ／電話：+61 2 9723 0336 ／時間：星期一至星期日 08:00-21:00 ／交通：出卡巴瑪塔站後，步行 7 分鐘

卡巴瑪塔只有少數中國人和柬埔寨人，其他居民都是越南人，來到這裡有種瞬間移動的錯覺，一下子從西方世界來到了東方世界。既然是越南城，當然一定要找一碗牛肉河粉來大快朵頤一番才行。接下來要介紹的是我心目中雪梨 Number1 的牛肉河粉──Dong Ba 順化牛肉粉！

我最最喜歡的就是那層次豐富的湯頭，酸、甜、鮮、辣，以及檸檬草該有的味道都有，但完全不會搶了他人的風采，美妙融合，每喝一口都忍不住想說：好幸福！當然，每個人口味不同，雪梨有太多好吃的河粉餐廳，大家可以好好選擇自己的所好。

01

02

03

01 店內裝潢風格很越式，老闆虔誠祭拜
02 Dong Ba 順化牛肉粉店門口
03 每每看到照片我的味蕾就立刻回憶起
　　這碗美妙的牛肉河粉

01 卡巴瑪塔東方色彩濃厚的牌坊
02 在卡巴瑪塔商店街，放眼望去盡是東方臉孔
03 在越南城很常看到店家販賣這些彩色米飯盒

卡巴瑪塔區閒晃

　　初來卡巴瑪塔（Cabramatta）時，就被這邊的文化深深吸引。我想一個地方值不值得一再造訪是在於它的文化含量。

　　來到這裡我總是隨意逛逛，卡巴瑪塔越南城的街道店家多以餐館、Karaoke 為主，販賣商品、服飾相較之下較少。

　　雖然街道較為雜亂，但鮮艷的用色、美味的食物如搭配著粽葉的彩色米飯盒；配料豐富，口感層次十足的飲料，以及到處充斥著熱愛音樂的 Karaoke 店（賣 CD、卡帶、唱盤、卡拉 OK 伴唱帶、電影影片），使得卡巴瑪塔充滿了活力，令人流連忘返。

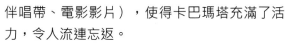

越南冰咖啡就該這樣喝！

　　有位朋友和我說他喝遍了世界各地的咖啡，其中最愛的還是越南的冰咖啡。之後我也常跑來喝，漸漸體會他的話。跟大家分享個經驗，越南冰咖啡很有它的層次，要慢慢喝才能感受出來。

利物浦站（Liverpool Station）

　　利物浦站算是印度中小型聚集地，這邊幾乎沒有澳洲當地人，出火車站後路上開的大都是印度商店，但是商店稀稀落落，有開門營業的店家也不多。不過 Westfiled 還是有進駐在此，大概距離火車站 10 分鐘左右的路程，商店、咖啡廳一樣不缺！

逛　印度超市

‖ T5

　　利物浦（Liverpool）人口不多，大多是印度和伊拉克人，因此店家的布置也會比較中東風。這區的商品特別便宜，在馬路上還能看到促銷看板，我在雪梨這麼久第一次看到這景象。

　　利物浦的印度超市，簡直就是印度城市縮小版，食物、服飾、佛像、裝飾品應有盡有。我在這裡看見了 Samosa，因為是 Mini 版一個人吃得完，因此立刻決定買一份來吃。Samosa 是印度咖哩角，麵皮包裹著餡料後油炸而成，只要是印度商店幾乎有賣。之前一直沒有嘗試是因為尺寸太大，怕一個人吃不完。倘若你也喜愛印度文化，不妨來這區逛一逛。

01

Mini Samosa

02

03

04

01 印度服飾店，衣服風格很不同
02 利物浦也是有購物中心和電影院
03 在馬路交叉口貼出打折海報吸引買氣，在雪梨極為少見
04 印度超市內擺放了各項印度風商品

T6 T7 T8

Carlingford Line、
Olympic Park Line、
Airport & South Line

T6（Carlingford Line）沿線都是非常郊區的郊區，說像森林也不為過，建議女孩不要單獨前往；T7（Olympic Park Line）有著名的奧林匹克公園站，偌大的公園用走的可以走上一天；T8（Airport&South Line）最主要的就是國際機場站和國內機場站，是雪梨機場到市區的主要交通幹線。

01 奧林匹克公園站
02 皇家復活節現場可以看到精采的馬術表演
03 遊樂場也是皇家復活節的重頭戲之一
04 人煙稀少的綠色廣場站
05 在奧林匹克公園舉辦的皇家復活節，農夫們用水
　果作畫

Mount Kuring-gai
Mount Colah
Asquith

Northern T1
Hornsby
Normanhurst
Thornleigh
Pennant Hills
Beecroft
Cheltenham

Epping T1
Epping
Eastwood
Denistone
West Ryde
Meadowbank

Carlingford T6
Carlingford
Telopea
Dundas
Rydalmere
Camellia
Rosehill

Olympic Park T7
Olympic Park

Rhodes
Concord West
North Strathfield

Waitara
Wahroonga
Warrawee
Turramurra
Pymble
Gordon
Killara
Lindfield
Roseville
Chatswood
Artarmon
St Leonards
Wollstonecraft
Waverton
North Sydney
Milsons Point

Macquarie University
Macquarie Park
North Ryde

Circular Quay

Martin Place
Wynyard
Town Hall
St James
Central
Museum
Redfern

Kings C
E

Kings C
E

y Hill
Doonside
Blacktown
Seven Hills
Toongabbie
Pendle Hill
Wentworthville
Westmead
Inner West T2
Parramatta
Harris Park

Clyde
Granville
Auburn
Lidcombe T3
Lidcombe
Berala

Merrylands
Guildford
Yennora
Fairfield
Canley Vale

Cabramatta
Warwick Farm
Liverpool

T3 **Liverpool**

Casula

Glenfield

Regents Park

Flemington
Homebush
Strathfield
Burwood
Croydon
Ashfield
Summer Hill
Lewisham
Petersham
Stanmore
Newtown
Macdonaldtown
Erskineville
St Peters
Sydenham

Hurlstone Park
Canterbury
Campsie
Belmore

Carmar
Villawood
Leightonfield
Chester Hill
Sefton
Birrong
Yagoona
Bankstown
Punchbowl
Wiley Park
Lakemba

Dulwich Hill
Marrickville

Green Square
Mascot
Domestic Airport
International Airport
Wolli Creek
Arncliffe
Banksia
Rockdale
Kogarah
Carlton
Allawah
Hurstville
Penshurst
Mortdale
Oatley
Como
Jannali
Sutherland
Loftus
Engadine
Heathcote

Tempe

Turrella
Bardwell Park
Bexley North
Kingsgrove
Beverly Hills
Narwee

Holsworthy
East Hills
Panania
Revesby
Padstow
Riverwood

Macquarie Fields
Ingleburn
Minto
Leumeah

Campbelltown

Macarthur
South T8

Kirrawee
Gymea
Miranda
Caringbah
Wool

Illawarra T4 **Waterfall**

奧林匹克公園站（Olympic Park Station）

奧林匹克公園站是 T7 唯二的車站之一，出站後就是奧林匹克公園。雪梨有許多文化活動和競賽都會選擇在這裡舉辦，且奧林匹克公園就是 2000 年的奧運場地，因此來自各地的訪客可以說是絡繹不絕。

 ## Sydney Olympic Park（雪梨奧林匹克公園）　‖ T7

電話：+61 2 9714 7300 ／網站：sydneyolympicpark.com.au ／時間：星期一至星期日 8:30-17:00 ／交通：搭到奧林匹克公園站出站即到

　　搭 T7 在奧林匹克公園站下車，一出站就能看到雪梨奧林匹克公園（Sydney Olympic Park）。2000 年的奧運就是在這裡舉辦。占地 640 公頃的奧林匹克公園規模很大，公園內設施完善，有飯店、餐廳、體育用品店、醫療中心、美髮店、咖啡廳、酒吧等，甚至連銀行都有。當然野餐區、烤肉區等基本配備也一定找得到。

　　奧林匹克公園不單單只是公園，更是舉辦各項比賽和文化活動的場地，像是世界級各項體育競賽、皇家復活節（Royal Easter Show）、流行文化博覽會（Supanova Pop Culture Expo）等。

　　另外，公園裡也提供「調查紅樹林、了解水鳥和濕地」等教學課程，是一個寓教於樂型公園。

奧林匹克公園：2000 年奧運舉辦場地

垃圾場完美變身成奧運會場

　　看著美輪美奐的奧林匹克公園，很難想像它的前身是工業廢棄地和垃圾場。澳洲政府為了 2000 年的奧運，用心地整治改建這塊距離雪梨市區只有 16 公里的廢棄地。奧運圓滿閉幕後，政府再次將它大改造，成為一個多功能用途的公園。

皇家復活節（Royal Easter Show）

皇家復活節是雪梨一年一度的盛事，舉辦的地點就在雪梨奧林匹克公園。搭 T7 在奧林匹克公園站下車後，一出站就是皇家復活節的大門口，交通非常方便，也因此參與人數眾多，除了當地人之外，也有來自世界各地的旅人一起同樂。

皇家復活節進場大門口

皇家復活節的活動項目豐富又多元，有動物表演、農產品栽種成果展示、馬術表演、伐木比賽、牛仔競技大賽等。每年皇家復活節的內容不見得相同，但熱門項目（譬如農產品展示）多半都是年年舉行的。

農產品展示大會

現今雪梨皇家復活節無疑是澳洲重要的文化活動，然而它一開始舉辦的宗旨其實是「推廣澳洲的農業技術，促進農副產品的銷售」，因此農產品展示大會這個傳統活動項目年年都不會缺席。

用新鮮蔬果當顏料設計一幅大地畫

在展示大會上，農夫們會展示當季新鮮的蔬果，並用黃色、綠色、橘色等各種不同顏色的蔬果代替顏料，在地上設計製作出一幅幅美麗的畫作。另外也會不定時舉辦和農產品相關的有趣小活動，記得我在這裡挑戰試吃很辣的辣椒而得到獎牌，是個特別又難忘的經驗。

動物賽跑

　　動物賽跑，是我很喜歡的一個競賽項目，與其說競賽不如說是娛樂節目，「笑」果十足。參加賽跑的主角就是農人們飼養的動物。雖說是比賽賽跑，但主人們可不會真的訓練動物賽跑，所以比賽開始、正式起跑後，動物們根本不受控制，開始到處亂竄，不聽主人指揮，景象十分爆笑，場邊觀賞的民眾總是忍不住笑翻。

農場體驗

　　和動物近距離接觸的農場體驗，也是皇家復活節的重點。這個活動很受大小朋友的喜歡。只要沿著地上某個動物的腳印圖樣步道，就能來到那個動物的展場，近距離觀察牠們，甚至與牠們互動唷！你可以買一杯飼料或是洽詢照護人員提供刷子，幫動物們順順毛髮，非常有趣。

　　根據統計，每年大概有一萬頭牛、羊、豬、馬、驢、羊駝、雞、鴨、狗等動物從鄉村被運來這裡。皇家復活節的農場體驗，你一定不能錯過！

01 開放室內圍場及動物騎乘
02 悠然自得的驢子

復活節說 Happy Easter

　　春分後第一個滿月的第一個星期日就是復活節。復活節在澳洲是很重要的節日，也是全國休假日。復活節的日期每年都會不同，但基本上都會落在四月，只有少數幾次在三月或五月。

　　「Happy Easter」是復活節大家會互道祝福的話，大家也會送對方彩蛋、兔子代表「嶄新的開始」。

遊樂場

皇家復活節就是一場澳洲最大的嘉年華,在嘉年華會場裡怎麼能沒有各式各樣的遊樂設施呢!

在遊樂場完全能感受到歡樂開心的氣氛

這裡絕對是年輕人的天堂,大概想得到的遊樂設施在這都找得到,旋轉木馬、雲霄飛車、迴旋鞦韆、摩天輪……就連火山歷險也有。這些遊樂設施平常並不存在於此,完全是為了澳洲復活節而搭造,很難想像吧!

在這個有超過100多種遊戲和遊樂設施的遊樂場,大人和小孩都玩得很盡興,特別是年輕人,每個人都玩得不亦樂乎,從早到晚熱鬧非凡!

鄉村嘉年華

雪梨的皇家復活節總是會讓我想到鄉村的嘉年華,不同的是皇家復活節是比較正式的表演,而鄉村嘉年華則比較活潑且平易近人,很像鄰居們聚在一起玩樂,並端出自家的成果。

豢養動物、種植蔬果是鄉村農人們的日常生活。在嘉年華活動的現場,農人們會向大家展示當年最引以為豪的蔬果,作為觀賞及比賽用。

01 鄉村嘉年華會場
02 各項獲得名次的蔬菜、水果
03 得二獎的雞,很可愛,希望毛對雞的視線不要造成太大的困擾才好

我曾經到雪梨的鄉村——Comboyne 參加他們的嘉年華。Comboyne 位於雪梨和黃金海岸的中間，距離雪梨大約是 7 個小時的車程。從雪梨市中心出發，要先搭 6 個小時的火車，然後再開 1 個小時左右的車才會到。雖然可以說得上是路途遙遠，但我卻覺得很值得！

除了鄉村嘉年華活動很有意思之外，Comboyne 放眼望去的美麗遼闊風景更是讓人覺得無價。開車的途中若遇到馬路上散步的牛，我們就在車上等待牛隻慢慢離開，這種人類與動物互相尊重的感覺真是很棒。

在旅遊中若有很多時間，建議大家也去鄉村走走看看，會有不同的人生體悟。

01

02

03

01 在鄉村的馬路上等待牛隻們散去的有趣體驗
02 Comboyne 一望無際的草原
03 Comboyne 鄉村風光

綠色廣場站（Green Square Station）

綠色廣場站就在中央車站（Central Station）的下一站，但出站後很空曠，而且沒有餐飲店，只有三家咖啡廳和烘焙坊，景象和熱鬧的市區截然不同。不過，這裡是大型二手古董商品店、超大服飾店、鞋店的集中地，是尋寶的好地方。

Bunnings Warehouse 居家修繕器材量販店 ‖ T8

地址：8/40 Euston Rd, Alexandria NSW 2015／電話：+61 2 9336 2400／網站：bunnings.com.au／時間：星期一至星期五 06:00-21:00；星期六和星期日 07:00-19:00／交通：搭到綠色廣場站，步行 10 分鐘

Bunnings Warehouse 是連鎖居家修繕器材量販店，在澳洲和紐西蘭擁有將近 300 間分店。

一般來說，居家修繕器材或五金工具量販店都需要蠻大的置物空間，占地規模都相當驚人，所以通常不會設在車站附近。相較於在雪梨的其他分店，這間位於 T8 線綠色廣場站的分店距離車站算是相當近的，出站後大約再走上 10 分鐘即可到達。

Bunnings Warehouse 的規模很大，舉凡和修繕裝潢相關，無論是客廳、餐廳、臥室、廚房、浴室、花園等空間可能會需要的材料，這裡都找得到，就連戶外生活用品也有，可以說是包山包海了吧！

喜歡逛居家裝潢材料的人可以來這裡尋寶。有機會在雪梨短暫住宿者，當房子需要簡單修繕或裝潢時，來這裡應該也能買到需要的產品哦！

01 可以說是有點荒涼的綠色廣場站
02 綠色廣場站周邊景象，一眼望去看不到什麼商家

地址：17 Bourke Rd, Alexandria NSW 2015 ／電話：+61 2 9698 0907 ／網站：mitchellroad.com.au ／
時間：星期一至星期日 10:00-18:00 ／交通：搭到綠色廣場站，步行 4 分鐘

　　Mitchell Road Antique & Design Centre 位於 T8 綠色廣場站附近，是一間古董和收藏品店，店內陳列的商品琳瑯滿目，有來自不同國家的古董，也有現代活潑創意的藝術品。如果你和我一樣非常喜歡逛二手商品店，建議最好吃飽再過來，或者準備一些食物帶在身上，因為這裡認真逛起來可能會花好幾個小時呢！當然如果真的沒帶也沒關係，貼心的店家也有賣一些飲料和零嘴。

　　Mitchell Road Antique & Design Centre 的許多收藏都讓我好喜歡，幽默的拉車醬料罐、立體餅乾罐子、可愛的瓷器和陶器、各式造型燈和造型花瓶等。這裡的二手收藏品真的非常豐富多元，除了可以欣賞精緻、特別的商品，也可以了解不同年代時期的商品和藝術的變化。

01 Mitchell Road Antique & Design Centre 外牆的設計
02 琳瑯滿目的收藏品
03 各式創意造型的瓷器茶壺
04 幽默的拉車醬料罐

Light Rail 輕軌電車線

Sydney Light Rail 是雪梨市另一種交通方式,稱為輕軌電車。雪梨的輕軌電車從中央車站(Central Station)延伸出來,停靠在重要的觀光聖地,每站的距離不遠,步行也都可以到達。

掃描看 Sydney Light Rail 路線圖

01

02

03

01 派蒙特橋
02 帕迪市場站下車
　　後的街景
03 義大利式建築
04 璀璨的雪梨煙火
05 格利伯街頭

在路面上行走的輕軌

　　輕軌是一種在平面道路上行駛的交通系統，很多國家都有，例如香港俗稱的叮叮車、法國里昂輕軌 Tramways in Lyon、日本富山輕軌 Toyama Light Rail 等，在當地你或許會聽到有人稱它為「Tram」。

　　雪梨的市鐵網絡雖然可稱得上四通八達，但有些點與點之間光靠市鐵連接還是不足，因此有了輕軌 Sydney Ligh Rail 的出現。

帕迪市場站（Paddy's Mkt Station）

帕迪市場站在中國城內，這一區是個充滿華人文化氣息的地方，相當熱鬧。周遭有中國餐廳、禮品店、卡拉 OK、酒吧……無論當地人或觀光客都很喜歡來這邊感受濃郁的華人氣息。

China Town（中國城）　　　　　　　　　　　‖ L

地址：82-84 Dixon St, Haymarket NSW 2000 ／交通：帕迪市場站下車後，步行 4 分鐘

在世界各地華人聚集在一起的地方，都會形成中國城（China Town），雪梨當然也不例外。雪梨這個中國城相當具規模，每年農曆新年都會舉辦盛大的 Lunar New Year 慶祝活動，除了當地華人之外，其他國籍居民及遊客都會前來共襄盛舉。

在中國城裡除了可以買到華人日常用品外，因為觀光氣息濃厚，也有不少店家販售各種不同的澳洲紀念品，且大部分都有代運回臺的服務。不過，特別提醒由於店家不是專門貨運，運寄回臺灣的貨量通常都比較少，所以等待時間會較長，收費也會較高。如果真的有需要，建議直接找貨運公司，快又划算噢！

01 雪梨中國城附近，帕迪市場站下車後的街景
02 具有中國建築風格的中國城
03 看到寶芝林，我會心一笑

Paddy's Haymarket 帕迪市集

地址：9-13 Hay St, Sydney NSW 2000／電話：+61 2 9325 6200／網站：paddysmarkets.com.au／
時間：星期三至星期日 10:00 18:00；星期一、星期二公休／交通：帕迪市場站下車即是

　　來到雪梨中國城，很容易就可以看到 Market City 這棟建築。Market City 是間中型購物中心，Paddy's Haymarket 就在一樓，二樓以上有不少有名的中國餐廳，很多外國客人蠻喜歡來這邊品嚐飲茶。

　　Paddy's Markets 在雪梨有二間，中國城一間，弗萊明頓站（Flemington Station）一間，那邊占地比這裡再大一些，市場外面營業時間即將結束時經常有蔬果減價大拍賣（請參考 P74）。兩間商品價位差不多，並沒有因為地點不同而調整價格。

　　位於中國城的 Paddy's Haymarket 大約有上百個平價攤位。從日常生活用品到服飾、創意品、禮品，還有各式各樣有關澳洲或雪梨的紀念商品都有。有些雖然不是澳洲製造，但還是很有澳洲的特色，喜歡尋寶的人不要錯過哦。

01 位於中國城的中型購物中心 Market City
02 充滿澳洲文化的各種商品
03 用各種顏色點出圖樣的繪畫風格，是很典型的澳洲風格

Didgeridoo 澳洲原住民樂器

　　Didgeridoo 是澳洲原住民樂器，在雪梨市中心常常可以見到表演。據說吹奏這樂器不簡單，需要嘴唇震動搭配節奏性吹氣，我想從這麼長的一根長要吹出各種旋律，需要極大的肺活量吧！來雪梨遊玩若有遇到表演，可以駐足聆聽，給予他們支持。

展覽中心站（Exhibition Centre Station）

展覽中心站這一帶是雪梨最重要港口，赫赫有名的達令港（Darling Harbour）就在這裡。港口周邊有海洋生物水族館、蠟像館、野生動物園……著名景點。美國影星安潔莉娜裘莉（Angelina Jolie）也曾帶著孩子來海洋生物水族館參觀。

Darling Harbour（達令港）　　　∥L

網站：darlingharbour.com／交通：展覽中心站下車後，步行 4 分鐘

達令港在雪梨市中心，是個浪漫又充滿驚奇的港口，同時也是世界最大的海濱勝地之一。來到雪梨的遊客幾乎都會到達令港一遊。

達令港原本是個含括港區貨物碼頭的老商務港，但在 1970 年代開始逐漸荒廢。1984 年澳洲展開了最大的都市重建計畫，四年後的 1988 年達令港獲得重生，成為大型娛樂港口。

達令港有什麼？

達令港周邊有許多重要的景點，包括雪梨海洋生物水族館（Sea Life Sydney Aquarium）、雪梨野生動物世界（Wildlife Sydney Zoo）、雪梨杜莎夫人蠟像館（Madame Tussauds Sydney）、誼園（Chinese Garden of Friendship）、澳洲國家海事博物館（Australian National Maritime Museum）、電力博物館（Powerhouse Museum）、世界最大螢幕 IMAX 電影院、達令港購物中心（Harbourside Shopping Mall）等。想要了解更多達令港，大家可以瀏覽 www.darlingharbour.com。

達令港怎麼玩最省？

達令港周邊的景點，除了澳洲國立海事博物館（常設展）、達令港購物中心不用門票以外，其他主要景點幾乎都需要購買門票才能進入。好在官方非常貼心地推出了實用的優惠券，想要節省玩達令港，四館套票是一定要買的！

所謂四館套票指的是雪梨海洋生物水族館、雪梨杜莎夫人蠟像館、雪梨野生動物世界以及雪梨塔這四個重要的觀光景點。當然你也可以選擇只去其中二館或三館，但原則上去的越多，套票就越划算。再者，雪梨海洋生物水族館、雪梨杜莎夫人蠟像館、雪梨野生動物世界三館都在同一個位置，只是入口處不同，所以推薦買四館套票。

最後再分享一個購票的小技巧，雖然現場也可以買票，但網路上買比較便宜喔！即便出發前忘了購買，到了現場你也可以坐在海港一角先上網買票（購票證明會寄到登記信箱），然後到 Westfield Sydney 購物中心五樓水族館中心櫃檯示出購票證明郵件，就可以領票囉！購票網址看這裡 → www.sydneyaquarium.com.au

---

套票真的比較省

套票中四個景點單買價格大多落在 30 ～ 40 澳幣之間，而四館套票費用是 70 澳幣（約臺幣 1530 元），只要去兩個就差不多回本了，怎麼算都應該入手一份才對！以下幫大家整理各套票價格。
二館套票兒童票（4 ～ 15 歲）35 澳幣；成人（16 歲以上）50 澳幣
三館套票兒童票（4 ～ 15 歲）40 澳幣；成人（16 歲以上）60 澳幣
四館套票兒童票（4 ～ 15 歲）45 澳幣；成人（16 歲以上）70 澳幣

01 深受當地人和觀光客喜愛的達令港
02 達令港的餐廳酒吧
03 夕陽西下的達令港與紅嘴鷗

Sea Life Sydney Aquarium（雪梨海洋生物水族館）

‖ L

時間：全年無休 10:00-18:00／交通：展覽中心站下車後，步行 14 分鐘

雪梨海洋生物水族館是世界上最大的海洋生物館之一，目前有 14 個主題館帶您探索鯊魚、儒艮、魟魚、海馬、海龜、水母、鴨嘴獸、企鵝和熱帶魚……。雪梨海洋生物水族館的兩隻儒艮是明星動物，據說目前人工飼養的儒艮全世界僅有 5 隻唷！

除了觀賞動物外，館內還有一些體驗活動，如海洋隧道、鯊魚谷（Shark Valley）和鯊魚漫步（Shark Walk）等。其中比較特別的是鯊魚礁浮潛（Shark Reef Snorkel）之旅，可以與鯊魚近距離接觸，刺激度滿點。活動進行時參加者會潛入一個透明的保護箱中觀賞鯊魚，包括安全講解、穿戴浮潛裝備等時間，活動整體約 1.5 個小時，浮潛新手也可以參與喔！

 ## Wildlife Sydney Zoo（雪梨野生動物世界） ‖ L

時間：全年無休 10:00-17:00／網站：wildlifesydney.com.au／交通：展覽中心站下車後，步行 14 分鐘

雪梨野生動物世界裡面可以探索各種動物，包括鹹水鱷魚、熱帶地區蝴蝶、鴨嘴獸、無尾熊及袋鼠等。園內最吸引人的是提供互動式展區，包括無尾熊見面會（Koala Encounters）、袋鼠漫步盡情探索（KangarooWalk-About）等。

在雪梨野生動物世界的入口有個透明櫥窗，展示著無尾熊。我曾經和一位動物管理員聊過，他告訴我通常會被帶到最前面展示的無尾熊都是年紀很大的，因為聽覺、視覺已退化，動作也比較遲緩，感受力會弱一些，較不容易受到打擾。不論如何希望大家觀覽時別驚動到動物們囉！

在達令港可以搭小型觀光列車遊玩重要景點

Sydney Tower Eye（雪梨塔）

地址：100 Market St, Sydney NSW 2000 ／電話：+61 1800 258 693 ／網站：sydneytowereye.com.au ／時間：星期一至星期日 09:00-22:00；12 月 25 日不開放／交通：展覽中心站下車後，步行 18 分鐘

雪梨塔是目前澳大利亞第二高的獨立建築，也是南半球第二高的觀光塔！（第一名是紐西蘭的天空塔）。它高達 309 公尺，位於雪梨市中心，是雪梨最高建築，也是雪梨最著名的地標，就像臺灣 101 大樓那般。

雪梨塔的入口就在著名的 Westfield Sydney 購物中心五樓。循著電梯上來可以看到一面牆標註了世界各高塔建築，因為 101 是大樓不是高塔所以在牆上是找不到的。在進入高塔之前，會先來到劇場，欣賞短短幾分鐘的 4D 短片。影片主要介紹澳洲知名景點，記得戴上 4D 眼鏡。

雪梨塔售票和入場的截止時間是晚上 9 點

最後，重頭戲來了！搭上直達電梯便會來到高 250 公尺的雪梨塔觀景臺（Observation Deck）。在這裡可以 360 度欣賞雪梨美景，雪梨市一覽無遺。除了觀看城市街道、建築之外，望向遠方還能看見藍山，以及湛藍的太平洋。觀景臺上有免費的望遠鏡、登高階梯，讓我們將雪梨看得更清楚。此外也有介紹景點的觸控螢幕，方便遊客們確認眼前是哪棟建築、哪個公園，很貼心。

如果觀景臺還不過癮，你可以參加「雪梨塔空中走廊（Sydney Tower Skywalk）」，走到 268 公尺高的露天觀景臺上，站在玻璃上向下俯瞰雪梨，相信一定很震撼。提醒這項活動需另外付費，不包含在套票內，建議提前預訂以免向隅。對了，雪梨塔上有一間旋轉餐廳可以邊享用美食，邊俯瞰這個令人嘆為觀止的海港城市。

達令港 Special1：星艦（Starship Sydney）

　　達令港港口常有不同類型的船駐留，Starship Sydney 是我最喜歡的一艘船。它的全身覆蓋著雙面鏡，可以反照風景，船上最常舉辦的活動是船上婚禮。各位可以到網站觀看他們的活動及美好的照片。

　　地址：4 King St, Sydney NSW 2000
　　電話：+61 2 9279 3433
　　時間：星期一至星期六 09:00–17:00；星期六公休
　　網站：starshipsydney.com.au

達令港 Special2：派蒙特橋（Pyrmont Bridge）

　　派蒙特大橋運橫跨 Cockle Bay（柯克灣碼頭），高度超過 7 公尺的船必須申請開啟橋樑才能進入 Cockle Bay。幸運的話可以看到橋中央分成二半，讓大船通過的過程。

達令港 Special3：水上計程車

　　一直很想嘗試看看水上計程車（Water Taxi），覺得很酷。水上計程車的價格依照船型、搭乘人數、地點遠近等而有所不同。可以至官網 watertaxis.com.au 查詢，在首頁輸入您的出發地、目的地、人數、需要的時間等，即可知道價位。

　　達令港白天在陽光的照射下顯得自由奔放，夜幕低垂時霓虹燈光閃爍，顯得有點迷離，兩者我都喜歡。記得有一回我剛好遇到艦隊停靠在達令港，海軍們下船進行宣傳活動，順道觀光。我們小聊了一會兒，船員們各個熱情又幽默。從他們那得知雪梨海濱公園 Barangaroo 預計將於 2021 年開放，相信它會成為居民新的心頭好。

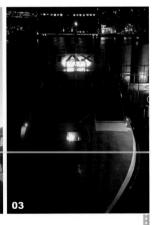

01 星艦
02 派蒙特橋
03 水上計程車

達令港煙火秀（Darling Harbour）

網站：darlingharbour.com/whats-on/fireworks ／時間：每週六晚上 8:30 或 9:00

達令港最令人期待的就是每週六晚上 8:30 或 9:00 的煙火秀了，環繞著碼頭，從港口中央釋放出的煙火搭配著音樂，是一場視覺與聽覺的饗宴。特別提醒大家每週六晚上煙火秀的時間，會因為月份不同而有所改變。可以上網確認一下時間，否則錯過煙火秀，那就真得扼腕囉！

達令港（Darling Harbour）煙火秀

達令港私人推薦

達令港私人推薦 1：IMAX 電影院

達令港擁有世界最大螢幕的 IMAX 電影院。有興趣的朋友，可以選擇一部喜歡的電影，最好是刺激一點的特效來感受最大螢幕的感覺。

達令港私人推薦 2：酒吧街

達令港在 King Street Wharf、Lime Street 上有一條酒吧街，夜店一字排開，一間比一間搖滾。有些酒吧有分一二樓，音樂和族群完全不同屬性，建議兩邊都去玩玩吧！對了，要去跳舞把酒狂歡時，請記得帶上護照以便入場。

01 達令港夜間與白天的風情很不同
02 達令港的酒吧街越夜越美麗

雪梨魚市場站（Fish Market Station）

雪梨魚市場站也是遊客必逛的景點之一，號稱南半球規模最大的魚市場，對喜歡海鮮的人來說，這裡是天堂。除了雪梨魚市場之外，附近也有一些海鮮店。當海鮮癮犯時，就搭上輕軌來雪梨魚市場站覓食吧！

Sydney Fish Market（雪梨魚市場） ‖ L

地址：Corner Pyrmont Bridge Road &, Bank St, Sydney NSW 2009 ／電話：+61 2 9004 1100 ／網站：sydneyfishmarket.com.au ／時間：星期一至星期日 07:00-16:00 ／交通：雪梨魚市場站下車後，步行5 分鐘

　　雪梨魚市場也是觀光客的熱門景點之一，除了可以搭輕軌到雪梨魚市場站下車外，從達令港慢慢散步過來也是不錯的選擇，所需時間約莫 12 分鐘。

　　由於雪梨魚市場算是觀光市場，因此價格嚴格說來並不是最低，同樣種類漁獲許多超市甚至價格更低。但這裡不論魚、蝦、蟹、生蠔等都非常新鮮且鮮甜，我還是覺得非常值得一試，畢竟我吃過最鮮甜的生蠔就在這裡呢！雖然價格不見得比超市低，但我認為魚市場生蠔的新鮮度絕對是超市無可比擬的。

　　接下來跟大家介紹一下雪梨魚市場內部的走向。大門入口處的右手邊，有一整排的商店，是當地人會選擇的店家。繼續走下去後，左轉會看到一整排可以欣賞海港風情的座位區。在座位區旁邊有著各式海鮮攤，通常觀光團會一車一車被帶到這裡。兩相比較下，本地人光顧的商店比較便宜，但選擇比較少；觀光客會停留的地方，價格較高，但商品多元化。大家就按照自己的喜好來選擇吧！

01 當地人常光顧的店家　　02 觀光客經常會在這用餐　　03 觀光團會光顧的海鮮攤

星港城站（The Star Station）

星港城站是到雪梨最大賭場－ THE STAR 最近的一站，就在星港城內。星港城整區規劃成複合式娛樂中心，除了賭場之外還有高級住宿酒店、名牌精品店、SPA 會館等。吃喝玩樂在這裡都可以搞定！

 ## THE STAR（星港城賭場）　　　　　　　　　　　‖ L

地址：80 Pyrmont St, Pyrmont NSW 2009 ／交通：星港城站下車即是

星港城（The Star）是雪梨最大的賭場，也是新南威爾斯州第一大賭場。大門口偌大的 The Star 白色英文字，氣派的不得了！

要到星港城最快的方式是搭輕軌，直接就有星港城這一站。此外也可以選擇搭渡輪到 Pyrmout Bay，步行一小段路後也就可以抵達。

滿足你吃喝玩樂各種需求

我們現在看到的星港城落成於 1997 年，除了主體建築物賭場外，還有商場、酒店、餐廳等，整個區域就像是個娛樂城，即使不到賭場賭博，也還是有許多娛樂活動可以參加。

星港城賭場占地 3 公頃，有別於一般金碧輝煌的賭場設計，這裡以澳洲的自然環境（海洋生態）以及原住民藝術為設計主題，別樹一格，大家如果有機會進去，不妨欣賞一下內部裝設。

最後提醒想試試手氣的朋友們，賭場入場很嚴格，建議不要打扮跟護照上照片差太多，以免遭到拒絕入內。當然最重要的就是記得帶上護照，以便入場時順利通行。

格利伯站（Glebe Station）

Glebe（格利伯）是個富有文藝氣息，讓人感到舒服放鬆的好地方。除了搭輕軌之外，也可以從中央車站坐公車，約 5 分鐘就可以到，另外想要慢步過來也行，從中央火車站走路約 15 分鐘就可抵達。

遊 格利伯街頭

‖ L

交通：格利伯站下車後，步行 3 分鐘

　　格利伯的商店及餐廳都在 Glebe Point Rd 這條街上，而這條街很長，輕軌的格利伯站剛好在這條街的中央。所以有時候從中央車站這邊過去是會比較方便的。格利伯是個充滿書卷氣息的地方，街道兩旁經常可見維多利亞式排屋，我喜歡在這裡隨意走走，期待每個轉角遇見另一個美好。

　　另外還有一條可以遠離塵囂，尋找和平寧靜很棒的路線，就是繞著格利伯外圍，沿著 Blackwattle 海灣漫步，周圍有三個公園圍繞延伸到下一站 Jubilee Park。

01-03 格利伯街頭建築物

Sappho books, Cafe & Bar 複合式書店 ‖ L

地址：51 Glebe Point Rd, Sydney NSW 2037 ／電話：+61 2 9552 4498 ／網站：sapphobooks.com. au ／時間：星期一至星期二 08:30-18:30；星期三至星期六 08:30-20:00；星期日 09:00-18:30 ／交通：格利伯站下車後，步行 15 分鐘

Sappho books 是一家知名的二手書店，除了賣書還有好喝的咖啡，在白天是擁有美麗庭院的咖啡廳，晚上則是葡萄酒酒吧。搭輕軌的話在格利伯站（Glebe Station）下車，走路約 15 分鐘。從中央車站步行過去會比較近，只要 10 分鐘。

我最喜歡二手書店裡面所販售的早期舊版報紙，上面印著從前流行的短篇故事和連載漫畫，透露出當時的風俗民情。除了舊報紙，這裡也有古老漫畫書，喜歡收藏的朋友一定要去尋寶一下。

莎孚書店是一間很有味道的書店

 ## Gleebooks 書店 ‖ L

地址：49 Glebe Point Rd, Glebe NSW 2037 ／電話：+61 2 9660 2333 ／網站：gleebooks.com.au ／時間：星期一至星期六 09:00-19:00；星期日 10:00 18:00 ／交通：格利伯站下車後，步行 12 分鐘

想要找新書絕不能錯過 Gleebooks。舉凡文學、犯罪，歷史、哲學、食譜等最新作品，這裡通通有。而且工作人員學識淵博，找書速度一流。對了，搭輕軌到格利伯站下車後，要步行 12 分鐘才會到。如果從中央公園走過來 10 分鐘就到囉！

要買園藝書籍可以到 Florilegium

Florilegium 位於 Derwent St 的轉角處，是一間專門販售園藝書籍的書店。搭輕軌格利伯站下車後需要步行 11 分鐘，從中央車站步行則需要 13 分鐘。

Glebe Markets（格利伯市集）

地址：Glebe Point Rd &, Derby Pl, Glebe NSW 2037 ／電話：+61 419 291 449 ／網站：
glebemarkets.com.au ／時間：星期六 10:00-18:00 ／交通：格利伯站下車後，步行 12 分鐘

　　每一區的市集都會有它不一樣的味道，是了解當地文化的重要指標。我很享受在市集中和賣家談論商品故事及歷史的過程，因此只要有市集我盡可能都會找個時間來逛逛。

　　格利伯市集（Glebe Market）一點也沒讓我失望。藝術品、二手復古商品、手工珠寶、設計師設計的杯墊、服飾、皮革及好吃的餅乾和蛋糕，每週都有不同的驚喜！格利伯站市集在格利伯站下車後，步行 12 分鐘可以到達。若從中央火車站步行需要 10 分鐘。

　　找一天你也來這裡，坐在草地上，聽著美好的音樂，找尋商品，享受被市集圍繞的美好感覺吧！

Baja Cantina 墨西哥餐廳

地址：43-45 Glebe Point Rd, Glebe NSW 2037 ／電話：+61 2 9571 1199 ／網站：bajacantina.
com.au ／時間：星期一至星期四 18:00-23:00；星期五 12:00-14:00&18:00-23:00；星期六 12:00-
15:00&18:00-23:00；星期日 12:00-15:00&18:00-22:00 ／交通：格利伯站下車後，步行 12 分鐘

　　Baja Cantina 被譽為雪梨最美味的墨西哥菜，搭輕軌到格利伯站下車後，需要步行 12 分鐘。若從中央火車站過來則需要 10 分鐘。

　　Baja Cantina 店內裝潢用色大膽且鮮豔，整體氛圍熱鬧。極為美味的各式餐點，再配上酒，oh my god～讓我想要哼起歌來了！Baja Cantina 後院有舒服的位子，比較可愛的是賣酒的區域還特地蓋了一個酒的小涼亭。這裡晚上比較熱鬧，真心建議來體驗一下。

Baja Cantina 墨西哥餐廳

Scotty's Make-up & Beauty（視覺特效美妝品專賣店）

地址：233 Broadway, Glebe NSW 2037 ／電話：+61 2 9518 9000 ／網站：scottysmakeup.com.au ／
時間：星期一至星期六 09:00-17:00 ／交通：格利伯站下車後，步行 17 分鐘

　　每次從中央車站走
Broadway 街去格利伯時，都
會路過一間有著血流成河櫥
窗設計的店家，這驚悚的畫面
讓我無法忽視，於是決定走進
去看看，這間店便是 Scotty's
Make-up & Beauty。原來它
是一間專門賣視覺特效的化

Scotty's Make-up & Beauty 血流成河的櫥窗

妝品店，裡面有各式各樣的特效商品及顏料，好萊塢電影常有的恐怖妝容
這裡都看得到。Scotty's Make-up & Beauty 從中央車站過來比較近，只
需 7 分鐘。若搭輕軌需走 17 分鐘，不過沿路有格利伯區美麗的街景相伴，
倒也不覺辛苦。

逛街不怕迷路的小技巧

　　雪梨塔位於市中
心，又是雪梨最高的
建築，在逛街的時候
是幫助我辨認方向很
重要且方便的依據。
大家若在雪梨逛街，
又擔心迷失方向，可
以像我一樣把雪梨塔
當作方位指標喔！只
要朝向它走，你就可
以到達市中心了。

從格利伯看過去的雪梨塔

萊卡特北站（Leichhardt North Station）

萊卡特北站這一區是小義大利區，比較可惜的是最繁華的年代已過，現在較蕭條。不過少數義大利餐廳仍然相當美味，特色商店及當地建築也值得探訪。

 ## The Italian Forum 義大利廣場 ‖ L

地址：19/23 Norton St, Leichhardt NSW 2040 ／電話：+61 2 9518 3396 ／網站：italianforum.com.au
交通：萊卡特北站下車後，步行 15 分鐘

Norton Street 上的 The Italian Forum 義大利廣場被稱為「雪梨的小義大利」。這裡是早期義大利移民集中的地區，有著模仿家鄉的建築，一樓是咖啡館、餐廳，二樓是百貨商場，彼此之間有連通道，三樓以上是住家，自成一格非常有特色。黃澄澄的牆壁配上紅色拱門，讓人彷若置身歐洲。沒去過義大利先來這裡過過乾癮也不錯！義大利式建築物和商店搭配出的氣氛真的非常美麗！

The Italian Forum 在輕軌萊卡特北站出站後，沿著 Norton St 走 15 分鐘可到。白天廣場人潮會比較稀疏，晚上熱鬧點。真心的建議有空到這棟建築物來看看，或是進官方網站欣賞也很好。

01 The Italian Forum 正門
02 義大利移民們仿家鄉的建築，很具特色

Light Rail 輕軌電車線

143

Norton Plaza 購物中心　　　‖ L

地址：101C/55 Norton St, Leichhardt NSW 2040 ／電話：+61 2 9518 0660 ／網站：nortonplaza.com.au ／時間：星期一至星期三及星期五 09:00-18:00；星期四 09:00-20:00；星期六 09:00-17:00；星期日 09:00-16:00 ／交通：萊卡特北站下車後，步行 14 分鐘

在義大利廣場這一區以 Norton Street 為主軸，兩旁的餐廳和咖啡廳一字排開。此外，也有購物中心 Norton Plaza。嚴格說來，Norton Plaza 像小型百貨公司和量販店的結合，以前有比較多小商店，後來 Harris Farm Market 大型市場進駐，雖然購物選擇變得更加便利，不過少了風味小商店也是種遺憾。

Norton Plaza 購物中心

MarketPlace Leichhardt 購物中心　　　‖ L

地址：100/122-138 Flood St, Leichhardt NSW 2040 ／電話：+61 2 9560 4488 ／網站：marketplaceleichhardt.com.au ／時間：星期一至星期三 09:00-17:30；星期四 09:00-21:00；星期五 09:00-17:30；星期六 09:00-17:00；星期日 10:00-16:00 ／交通：萊卡特北站下車後，步行 15 分鐘；瑪麗恩站（Marion Station）下車後，步行 3 分鐘

MarketPlace Leichhardt 購物中心是萊卡特區的另一間購物中心。基本上萊卡特區較熱鬧的兩區，一區集中在 Norton Street 上，一區就是這裡。兩區各有一間購物中心。MarketPlace Leichhardt 雖然還是在萊卡特區，但非常接近下兩站瑪麗恩站（Marion Station）。從萊卡特北站要步行 15 分鐘才到，從瑪麗恩站步行 3 分鐘就到囉。

MarketPlace Leichhardt 周邊餐廳、商店不多，義大利餐廳、亞洲餐廳、黎巴嫩餐廳、自行車店等錯落。不過這裡的餐廳和商店別有另一番異國風情，算是很不錯。

Leichhardt 商店異國風情的裝潢

Fernandos Italian 義大利餐廳

地址：118 Norton St, Leichhardt NSW 2040 ／電話：+61 2 9560 7957 ／網站：atfernandos.com.au
時間：星期二至星期五 17:30-22:00；星期六星期日 12:00-15:00&17:30-22:00 ／交通：萊卡特北站下
車後，步行 13 分鐘

　　既然來到了小義大利區，當然一定要嚐嚐傳統義大利經典菜餚囉！
我在這找了間義大利餐廳 Fernandos Italian。很認真聽了店員的介紹，點
了一道義大利家鄉傳統料理，很好
吃。餐點很有層次，雖然看上去一
大盤，但美味到我一口接著一口，
一個女生吃完全盤且不覺得膩。

　　雖然萊卡特區的商店已經不
多，但如果喜歡義大利文化跟食
物，一定要來參觀一下！我好希望
能一家一家品嚐義大利人做的料理
和披薩呢！

美味的義大利家鄉傳統料理

Decoupage 歐式拼貼藝術

　　我在小義大利區的某間商店門口，看見一個鐵製展示架，上
面展示著德國 IHR 餐巾紙。這餐巾紙擁有德國藍天使環保標章認
證和三層不易破設計，無毒水基彩墨讓消費者在使用上擁有更多
安全性。

　　其實，IHR 餐巾紙還有一項廣為使用的方式，那就是取其一
層美麗圖案，用稀釋膠水拼貼於家具或家飾，如包包、舊家具等
各式各樣的材質上，賦予舊事物新生命與新樣貌。這個特殊的拼
貼藝術稱做 Decoupage（蝶古巴特）。

印著美麗圖案的 IHR 餐巾紙

10 月份義大利節在這裡

　　萊卡特區（Leichhardt）有雪梨的小義大利的美名，自然與義大利結合甚深。不論餐廳、商店、建築都有著濃濃的義大利風。像我曾經在這裡吃到 Gelato（義式冰淇淋），乳脂含量低，不膩口，口口新鮮，至今念念不忘。

　　此外，每年 10 月份這裡都會有義大利節喔！活動舉辦當天，在 Norton Street 主街上會有數十個攤位，其中不乏義大利傳統料理與披薩；也會有傳統義大利舞蹈表演等，當然深受孩子喜愛的遊樂設施也不會缺席。如果時間能搭得上，就快來同樂吧！

　　我來到這裡時發現人潮不多，很多商店沒有營業，難掩失落呀！在失望之餘和當地人聊了一下，才知道因為這裡大概每 5 分鐘就有一班飛機飛過，居民受不了紛紛遷離，萊卡特區也就逐漸沒落了。

　　我完全可以體會居民的困擾。澳洲的房子都蓋得不高，地大人潮又分散，所以一樣的聲音，音量很容易被放大，在臺灣不以為意到這裡會變成噪音。記得在雪梨第一次遇到打雷，非常大聲，雷大到連房門都會震動，當時我還以為是這裡的雷比較大呢！

美味可口且清爽的 Gelato

BMT

Blue Mountains Line
藍山線

　　雪梨城市鐵路的架構相當龐大，我們可以用火車行駛的距離概分為兩個系統，一個跑近程，一個跑遠程。藍山線就是遠程線的其中一條，搭上這條線的旅客絕大多數是為了藍山國家公園而來。

掃描看
Blue Mountains Line 路線圖

148

01 壯闊的藍山和三姐妹岩
02 盧拉站的一間糖果屋
03 藍山觀光巴士
04 由高處往下看的 Walkway 雨林
05 纜車 Skyway
06 山城中小而美的餐廳

盧拉站（Leura Station）

　　盧拉站是藍山線卡通巴站（Katoomba Station）的前一站，卡通巴站則是搭乘藍山線旅客前往藍山國家公園（Blue Mountains National Park）的火車下車處。半日遊、一日遊的旅客有時候會跳過盧拉站，但其實這裡有一個風格獨特、活潑可愛的小鎮，我很喜歡。

Leura（盧拉小鎮）

‖ BMT

交通：在盧拉站下車即是

　　盧拉小鎮（Leura）是一個讓人身心靈都能放鬆的地方，搭藍山線在盧拉站（Leura Station）下車即可到達這個世外桃源。盧拉小鎮的主要街道只有幾條，商店和餐廳都集中在盧拉大街（Leura Mall）這條路。大街短短的，大概 8 ～ 10 分鐘就能從頭走到尾，接著再過去就是山上住家了。

　　盧拉大街非常好逛，知名的巧克力店、有趣的糖果屋、設計感十足的商店……每一間都能逛好久。我就在一間櫥窗內展示著迷你人體模型和手工小衣服的商店，買了一個很大的相框，然後沿路帶著它走到藍山的路上，是一段難忘又特別的回憶。

　　好喝的咖啡廳、美味的餐廳在盧拉大街也都找得到，就連郵局也有呢！路過郵局的時候，可以寄一張名信片給家人、朋友或結束旅程返家後的自己哦！

喜歡這種設計感的商店，明亮、簡潔又溫馨

The Candy Store 糖果屋

地址：Shop 6/178 Leura Mall, Leura NSW 2780 ／電話：+61 2 4782 4090 ／網站：candystore.com.au
時間：星期一至星期五 09:30-17:00；星期六和星期日 09:30-17:30 ／交通：從盧拉站步行 5 分鐘

The Candy Store 是盧拉小鎮上的糖果店，搭藍山線在盧拉站（Leura Station）下車，走路只需要 5 分鐘就能到。

說起糖果店，我第一個想到的是德國格林兄弟的童話書「糖果屋」。嚴格來說它是一個恐怖故事吧！可是小時候在看這故事時，完全不擔心兄妹倆會被巫婆吃掉這件事，反而很羨慕他們有一間糖果屋可

糖果店裡販售新奇古怪、豐富多彩、名稱有趣的糖果

以吃。每次看到兄妹倆吃屋頂和窗戶吃得喀啦喀啦響，都覺得好羨慕，很希望自己也可以進入童話世界，狠狠地把牆壁也全部吃完。一定是因為對糖果店有著這樣的憧憬，在盧拉站逛到 The Candy Store 時，我說什麼也要進去。

The Candy Store 裡面所販售的糖果超有趣，有巧克力口味義大利麵、棉花糖棒棒糖，青蛙、鈕扣等不同風味和造型的巧克力，還有新奇古怪的動物便便糖果，只要看到上面印有袋鼠、鴯鶓（Emu）和澳洲野犬（Dingo）等各種動物圖樣的盒子就是了。

 ## Josophan's Fine Chocolates 巧克力專賣店

地址：132 Leura Mall, Leura NSW 2780 ／電話：+61 2 4784 2031 ／網站：josophans.com.au ／時間：
星期一至星期日 09:00-17:00 ／交通：從盧拉站步行 3 分鐘

Josophan's Fine Chocolates 是一間巧克力專賣店，販售的品項豐富多元，風味十分多樣如辣椒、芒果辣椒、蜜糖薰衣草、萊姆蘿勒、橘子薄荷、蜜糖番紅花、榛子果仁等。

Josophan's Fine Chocolates 搭藍山線就能抵達，若有安排前來藍山國家公園，不妨先在前一站盧拉站下車，花個 3、5 分鐘走過來這裡逛逛哦！尤其是愛好巧克力的朋友更是不能錯過。

卡通巴站（**Katoomba Station**）

卡通巴站應該是藍山線（Blue Mountains Line）上最紅的一站了吧！每個搭乘火車欲前往藍山國家公園（Blue Mountains National Park）的旅客都得在這裡下車再走路或換其他的交通工具。從雪梨中央車站到卡通巴站大約 2 小時。

Echo Point（回聲角瞭望臺）

交通：在卡通巴站下車後走路或轉搭其他交通工具前往

藍山國家公園占地非常遼闊，超過 1 萬公頃，整個區域有許多景點可以參觀，其中最著名的就屬三姊妹岩（The Three Sisters），而欣賞三姊妹岩的最佳地點非回聲角瞭望臺（Echo Point）莫屬。

回聲角瞭望臺是一個雙層的觀景臺，視野非常好，可以很近距離的欣賞壯麗的三姊妹岩，也可遠眺浩瀚的藍山山景。鼎鼎大名的三姊妹岩是三個巨大的沙岩柱石，現在幾乎成了藍山國家公園的代表圖樣。

視野遼闊的回聲角瞭望臺，旅客在此遠眺美麗山景

在瞭望臺感受三姊妹岩所帶來的視覺震撼之後，可以沿著步道漫步藍山、搭上纜車俯瞰整個國家公園，也可以順著一旁遊客中心後方的亨利王子斷崖步道路（Prince Henry Cliff Walk），走向三姊妹岩。

亨利王子斷崖步道巧妙地連接回聲角瞭望臺和三姊妹岩，步行大約兩個小時。沿路多為泥石路，想要征服這個步道的旅人記得穿一雙好走的鞋喔！

英國女王造訪藍山

藍山國家公園和三姊妹岩的魅力就連英國女王也無法擋。在回聲角瞭望臺的銅牌上，記錄著 1954 年 2 月 12 日，芳齡 28 歲的英國女王伊麗莎白二世於此欣賞藍山美景和三姊妹岩。

Scenic World Blue Mountains（藍山景觀世界） ‖ BMT

地址：Violet St & Cliff Drive, Katoomba NSW 2780 Australia ／電話：+61 2 4780 0200 ／時間：星期一至星期日 09:00-17:00 ／網站：scenicworld.com.au ／交通：在卡通巴站下車後走路或轉搭其他交通工具前往

　　位於雪梨西邊的藍山國家公園（Blue Mountains National Park）占地遼闊，有叢林、奇岩、瀑布、雨林……等多元且豐富的自然景觀，澳洲政府在園區規劃了 18 條健行步道，強力推薦大家以步行的方式探索這個令人驚豔的世界遺產。

　　走登山健行步道肯定是最親近、最深入這座國家公園的，而針對停留時間有限者，我則是建議購買藍山景觀世界（Scenic World Blue Mountains）套票，以最有效率的方式飽覽這座國家公園的自然美景。

　　藍山景觀世界推薦大家以 Skyway 和 Cableway 兩種纜車、Railway 火車搭配 Walkway 健行的方式，一覽藍山的絕美風景。所販售的套票就包含上述所有交通工具和行進路線。也就是說遊客只要一路跟著指示走，就能輕鬆上下纜車、火車和走健行步道，並在途中欣賞藍山的著名景點。

　　藍山景觀世界的套票，依序以 Railway → Walkway → Cableway → Skyway 帶你遊藍山。首先會搭乘倚崖而建世界上最陡的鐵路，以 52 度傾斜而行，把旅客送下山谷，前往古老雨林。接著步行在位於 Jamison Valley 的觀光步道上，全長約 2.4 公里，沿途可盡情探索雨林。然後搭乘南半球最陡峭、最大的空中纜車，沿途欣賞藍山全景。最後搭乘有著空中玻璃地板的纜車，從高處俯看森林樹冠的美景，再回到藍山景觀世界。

藍山景觀世界纜車套票

藍山景觀世界纜車套票購票資訊

交通：卡通巴站（Katoomba Station）出站後步行 15 分鐘
時間：每天 09:00-17:00 開放，全年無休
票價：早鳥票：成人 37 澳幣（約臺幣 830 元）、兒童 20 澳幣（約臺幣 450 元）、家庭 94 澳幣（約臺幣 2020 元）；一般票：成人 39 澳幣（約臺幣 875 元）、兒童 21 澳幣（約臺幣 470 元）、家庭 99 澳幣（約臺幣 2200 元）
購買：現場或官網上都可以買票

藍山國家公園

　　藍山國家公園是離雪梨最近的世界遺產，之所以名為藍山，是因為當陽光照射著遼闊的桉樹森林，從遠方看起來整座山脈會呈現出藍色光澤。

01

01 視野遼闊的回聲角瞭望臺也是藍山國家公園的主要景點之一

02 由高處往下看的雨林

03 雨林生態豐富，有各種不同的植物可慢慢欣賞

04 三姊妹岩，藍山國家公園的著名景點之一

05 卡通巴（Katoomba）以前是個煤礦小鎮，這是 1878 年的煤礦坑

02

03

04

05

Yellow Deli 輕食餐廳

地址：214 Katoomba St, Katoomba NSW 2780 ／電話：+61 2 4782 9744 ／時間：星期日至星期四 10:00-20:00；星期五 10:00-15:00；星期六公休／網站：yellowdeli.com ／交通：卡通巴站下車後，步行 8 分鐘

在卡通巴站（Katoomba Station）有一個別有風味的卡通巴小鎮，街道上有不少咖啡廳、風格小物店、餐廳、40 多間旅館。空氣中瀰漫著悠閒、自在的氛圍，我很喜歡。

Yellow Deli 是一間裝潢溫馨又自然的小店，從卡通巴站下車後走過來大概需要 8 ～ 10 分鐘。店裡提供沙拉輕食、三明治、點心、果汁等健康且營養的餐點。Yellow Deli 很受到旅人的喜歡，小小的店經常是滿滿人潮。如果旅遊藍山時有經過此店，推薦你去吃看看喔！

迷你但溫馨的 Yellow Deli

Darley's 餐廳

地址：5/19 Lilianfels Ave, Katoomba NSW 2780 ／電話：+61 2 4780 1200 ／時間：星期二至星期六 17:30–22:00 ／網站：darleysrestaurant.com.au ／交通：卡通巴站下車後，步行 15 分鐘

Darley's 是利利安佛藍山度假村 (Darley's Restaurant at Lilianfels Blue Mountains Resort & Spa) 裡的餐廳，搭藍山線於卡通巴站下車後步行約 15 分鐘可到。

Darley's 是一間優雅古老的餐廳，建造於 100 多年前，近年有全面翻修過。華麗的裝潢和美味的食物，使得不少澳洲民眾選擇來此慶祝重要的紀念日。

可愛復古的藍山觀光巴士，顏色非常鮮豔

卡通巴站到藍山國家公園的交通

通常想要前往藍山國家公園（Blue Mountains National Park）大家會搭藍山線，在卡通巴站下車。但其實卡通巴站距離藍山國家公園的三姊妹岩、藍山景觀世界……等著名景點還有一段距離。一般會建議搭藍山觀光巴士、686 號公車或步行往返車站和這些景點。若是選擇步行，身上請記得一定要帶水，因為路途上大多是沒有遮蔽物的。

附錄
沒有火車也一定要去

火車到不了的地方就搭渡輪吧
火車到不了的景點就搭公車吧
火車到不了的餐廳就走路去吧

掃描看 Sydney Ferries 路線圖

火車到不了的地方就搭渡輪吧（Sydney Ferries）

在雪梨觀光，除了搭乘市鐵和公車，渡輪也是常見且方便的選擇，就像火車一樣在海上一站站停靠，往來各觀光景點。雪梨渡輪有 F1 到 F8 共有 8 條航線，一律從雪梨歌劇院旁的環形碼頭出發，沿途可以近距離看到各式各樣的船，非常壯觀。

 ## Cockatoo Island（鸚鵡島）　　　‖ F3、F8

交通：F3 Parramatta River 線中途停靠或 F8 Cockatoo Island 線終點站

鸚鵡島（Cockatoo Island）是一座距離市區相當近的小島，搭 F3 Parramatta River 線或 F8 Cockatoo Island 線即可抵達。

鸚鵡島上沒有居民，有露營區可住宿，是短暫停留一晚的好去處。在島上來點美食和飲料，邊觀看日出和日落，非常享受。這裡儘管只須搭 20 多分鐘的渡輪就能到達，但完全有種遠離塵囂的感覺，是個相當推薦的景點。

另外值得一提的是，這個讓人感覺放鬆的小島，曾是流放囚犯的監獄島，後來更被列入世界遺產名錄。

鸚鵡島目前還保有很多澳大利亞二戰時期的歷史遺跡，也很適合喜歡歷史的朋友好好逛逛。

許多雪梨人週末會到鸚鵡島露營、休憩

01 最喜歡船支點綴雪梨歌劇院的景象
02 旅人們準備搭渡輪
03 從海上看雪梨歌劇院

04 不同視野的雪梨歌劇院和雪梨大橋
05 搭渡輪時看到的達令港

從渡輪看岸邊住家的景象。通常岸邊的住家都會買船，直接停在家門口的岸上，隨時可以出航，真是不錯

逰 Parramatta（帕拉馬塔站） ‖ F3

交通：F3 Parramatta River 線終點站

　　帕拉馬塔站（Parramatta）是 F3 Parramatta River 線的終點站，距離雪梨市中心有一段距離，從環形碼頭（Circular Quay）搭渡輪過來大概要 45 分鐘。

　　帕拉馬塔站不算是一個非常熱門的渡輪停靠站，很多人是為了想要到帕拉馬塔公園（Parramatta Park）一遊，或是欣賞帕拉馬塔河（Parramatta River）沿途的景色而特地搭渡輪前來的。

01 搭渡輪航行在帕拉馬塔河上，迎著涼風，非常舒服
02 雪梨渡輪的帕拉馬塔站

Rose Bay（玫瑰灣）

交通：F4 Cross Harbour 線中途停靠

搭 F4 Cross Harbour 線可來到玫瑰灣（Rose Bay）。這裡的商店和餐廳比較少一點，不過有許多展覽、藝文和慶祝活動可欣賞、參與。

在玫瑰灣還可看到許多遊艇、帆船俱樂部。當然，很特別的水上飛機（Seaplanes）也不能錯過。

玫瑰灣特有的水上飛機

體驗渡輪從雪梨大橋下通過，當渡輪越來越靠近大橋，心情也會越來越興奮

玫瑰灣的水上活動

在玫瑰灣有些精彩的水上活動可參加，如搭著水上飛機在空中欣賞雪梨港灣、大橋和歌劇院，是很特別的體驗。對水上活動有興趣的話，可至當地的水上公司網站查詢：

水上飛機：www.seaplanes.com.au
遊艇、帆船俱樂部：www.woollahrasailingclub.org.au

火車到不了的地方就搭渡輪吧

🏷️食 Indigo 咖啡館　　　　　　　　　　　　　　　　　‖ F7

> 地址：1 Transvaal Ave, Double Bay NSW 2028 ／電話：+61 2 9363 5966 ／網站：indigodoublebay.
> com ／時間：星期一至星期六 07:00-16:30；星期日 08:00-16:30 ／交通：F7 Double Bay 德寶灣站下船，
> 步行 10 分鐘

Indigo 是一間咖啡館，位於雪梨渡輪 F7 Double Bay 線德寶灣站。

德寶灣是雪梨的豪宅區。有一句順口溜是這麼說的：「Double Bay，Double Pay」，就是在說這裡的東西都是雙倍價錢。德寶灣不只物價高，房地產也是澳洲最昂貴的。

Indigo 咖啡廳的沙拉，用料食材，色香味俱佳

不過，這邊有著精品環繞，還有舒服的街道和令人驚豔的美食，以及很多很棒的商店和餐廳，Indigo 咖啡館就是其一。Indigo 的環境相當舒服，有戶外座位，可一邊享受自然風景一邊品嚐美味餐點，逛街逛累了很建議來這裡休息一下，再開始繼續旅程。

🏷️逛 Michal Negrin 設計師工作坊　　　　　　　　　　　‖ F7

> 地址：10 Transvaal Ave, Double Bay NSW 2028 ／電話：+61 2 9327 8803 ／網站：michalnegrin.com
> 時間：星期一至星期日 10:00-17:00 ／交通：F7 Double Bay 德寶灣站下船，步行 10 分鐘

Michal Negrin 是一間設計師工作坊，搭雪梨渡輪 F7 Double Bay 線，在德寶灣站下船後步行約莫 10 分鐘就能抵達。Michal Negrin 剛剛好就在 Indigo 咖啡廳的對面，應該不會太難找。

Michal Negrin 裡面販售有許多商品，像是手鍊、戒指、項鍊、胸針等，全部都是設計師 Michal Negrin 所設計，個人風格強烈，很有特色，我很喜歡。

Michal Negrin 店裡一枚我很喜歡的戒指

Michal Negrin 店裡有一枚戒指，我第一眼看到就深深愛上。設計師起碼用了三種元素打造它，搭配同一色系深淺不一的漸層選色，讓這枚戒指在各個角度上展現出不同的光澤，完美詮釋了低調的美。

Manly Beach（曼利海灘）

交通：F1 Manly 線最終站

　　相當受到歡迎的曼利海灘（Manly Beach），搭渡輪 F1 Manly 線很快就到了。假日的曼利海灘很熱鬧，跟平日的人潮差很多，常常有人問我什麼時候去曼利海灘比較好，這就要看各位喜歡哪一種氛圍的曼利海灘了。

　　和邦代海灘（Bondi Beach）一樣，曼利海灘也是雪梨人絕對推薦的度假、衝浪勝地。這兩個海灘給我的感覺不太相同，曼利海灘比較活潑，邦代海灘較為享受放鬆，各有各的特色。有時間的旅人很建議兩邊都看看走走。

01 舉世聞名的曼利海灘
02 曼利站假日人潮
03 海灘商店街走到底有一整排的面海餐廳

火車到不了的地方就搭渡輪吧

火車到不了的景點就搭公車吧 （Bus）

　　雪梨四通八達的市鐵可以帶旅人去很多很多超人氣景點，不過雪梨的腹地實在太遼闊了，想要更深度探索有時還得搭配公車才行！讓我們跳上公車，前往 Paddington Markets、Just William Chocolates、Surry Hills 等景點吧！

Paddington Markets（帕丁頓市集）

> 地址：395 Oxford St, Paddington NSW 2021 ／電話：+61 2 9331 2923 ／網站：paddingtonmarkets.com.au ／時間：星期六 10:00-16:00 ／交通：從市區搭 333、333N、440、M40 公車可直達

　　帕丁頓市集（Paddington Markets）位於著名的帕丁頓區，是周六限定市集。雖然雪梨市區鐵路沒有直達這裡，不過從市區前往帕丁頓市集並不困難，只要搭 333、333N、440、M40 公車就可以抵達。

　　帕丁頓市集是一個名氣很響亮的市集，就在無人不知無人不曉的帕丁頓購物大街──牛津大街（Oxford St）上。在帕丁頓市集裡面所展示、販售的多為設計相關商品，因此很受到設計師、手工藝品愛好者的喜愛，對他們來說這裡有許多藝術價值高的商品可以看、可以買，簡直就是天堂。

剛下公車的帕丁頓街景

01 帕丁頓舒服的街景
02 帕丁頓維多利亞式建築街道，逛起來格外舒服

Paddington（帕丁頓）

帕丁頓（Paddington）是雪梨極具特色的地方，整個區域充滿了維多利亞式風格的建築物。街邊有許多精品、服飾、藝術品專賣店，店裡所販售的商品都極具設計感。帕丁頓區的物價在雪梨是數一數二的高，但走在寧靜的街道上，欣賞美麗的飾品、珠寶與服飾，還是讓人覺得很享受。

 Neil Grigg Millinery 帽子專賣店

地址：40 William Street, Paddington NSW 2021 ╱電話：+61 2 9361 5865 ╱網站：neilgriggmillinery.com ╱時間：星期二至星期五 10:00-18:00；星期六 10:00-17:00；星期日 10:00-16:00 ╱交通：從市區搭 333、333N、440、M40 公車可直達

位於帕丁頓區的 Neil Grigg Millinery 是一間女帽專賣店，所販售的全是設計師所設計的女帽，包括新娘帽、看比賽時盛裝所戴的帽子等，丹麥王儲妃瑪麗就曾經在此訂製帽子。另外，設計師的作品也曾出現在西貢小姐、悲慘世界等戲劇作品裡。

Neil Grigg Millinery 店門外觀

Just William Chocolates 巧克力店

地址：4 William St, Paddington NSW 2021 ／電話：+61 2 9331 5468 ／網站：justwilliam.com.au ／時間：星期一至星期六 10:00-17:30；星期日 11:00-16:30 ／交通：從市區搭 333、333N、440、M40 公車，步行約 10 分鐘

Just William Chocolates 是一間巧克力店，位於帕丁頓區，從雪梨市區搭 333、333N、440、M40 公車在帕丁頓市集（Paddington Markets）站下車後，走路約 10 分鐘即可到達。

Just William Chocolates 所販售的巧克力可以說是變化多端，其中最有特色的就是加入多樣食材的「加料」巧克力，像是加入新鮮水果、香草、咖啡、牛奶、水果醬、酒精醬、堅果、松露等。我吃過好幾種口味，吃起來的層次感跟紮實度都非常棒！

01 Just William Chocolates 是熱愛巧克力的人不能錯過的小店
02 在充滿維多利亞式建築的帕丁頓區逛街是種享受

The Pottery Shed 製陶教學工作室

地址：7 Nickson St, Surry Hills NSW 2010 ／網站：thepotteryshed.com.au ／交通：從中央車站步行約 15 分鐘

　　The Pottery Shed 位於薩里山（Surry Hills），從中央車站步行至此大約 15 分鐘。這裡乍看是個用餐的場所，往裡面走進去會發現其實是陶器教學製作的工作室。

　　每次只要到 The Pottery Shed，我總會被門口的二手書給吸引。這些二手書一本只需要一塊澳幣，用這樣的方式讓書本繼續流傳，被更多人閱讀，真是很棒的做法。

　　在 The Pottery Shed 裡有一些教學經驗豐富且專業的製陶老師，學生經過他們的指導後都能做出美麗且具有水準的作品。若對製陶感興趣，不妨報名學習，基礎課程一次大約 2 個小時，學費是 59 元澳幣，約臺幣 1300 元，收費算是合理。

01 The Pottery Shed 的招牌是直接畫在牆壁上的
02 薩里山街頭

Surry Hills（薩里山）

　　薩里山（Surry Hills）距離中央車站不遠，走路就可以到，大約 10 ～ 15 分鐘的路程。這裡是個正在發展的區域，有許多餐廳、咖啡廳、酒吧、藝廊，全區域散發著時尚、新潮、有個性的酷酷氣息。

　　薩里山餐廳的料理遠近馳名，但我實在太喜歡在這裡散步逛街，每次都逛到忘我，來不及品嚐。各位可別像我一樣，記得空出時間去餐廳享用美食唷！

Tillys Art Supplies 美術用品專賣店

> 地址：661 Darling St, Rozelle NSW 2039 ／電話：+61 2 9810 8309 ／網站：tillysart.com.au ／時間：星期一至星期五 09:00-17:30；星期六 09:00-13:00 ／交通：從市中心搭 433、501、518、520、M52 公車可到

　　Tillys Art Supplies 位於巴爾曼（Balmain），從雪梨市中心搭 433、501、518、520、M52 公車都可以到達，通車時間大約 25 分鐘左右。

　　Tillys Art Supplies 是一間美術用品專賣店，外觀很有特色，門口牆上那支巨大的畫筆非常搶眼。在這裡你可以找到各式顏料、畫架、畫筆、畫板等。如果你在雪梨有閒情逸致想作畫，可以來這邊捧場哦！

看到門口牆上的筆就知道 Tillys Art Supplies 到了

Balmain（巴爾曼）

　　巴爾曼（Balmain）是個古老的郊區，保留了許多的建築文化遺產，如法院大樓、消防局，還有十幾間歷史悠久的飯店，像是建於 1879 年的大會堂酒店（Town Hall Hotel）就是其中之一。

1886 年建造的法院大樓，左右二邊還銜接了另外二棟建築，在當年是很雄偉的建築物

Egg Of The Universe 複合式餐廳

地址：711 Darling St, Rozelle NSW 2039 ／電話：+61 2 9810 3146 ／網站：eggoftheuniverse.com
時間：星期一至星期五 07:30-15:00；星期六至星期日 08:00-15:00 ／交通：從市中心搭 501 520 433
公車可到

Egg Of The Universe 是一間結合瑜伽教室的複合式餐館，用餐環境舒適且餐點美味，位於巴爾曼，從雪梨市中心搭 501、520、433 公車就可以到達。

我很喜歡餐館內後方的瑜伽教室，一進入這空間就有種讓人很放鬆的感覺。這裡有提供多種課程，無論初學者或經驗豐富的專業人士都可以找到適合自己的學習內容。

透過姿勢增強體魄；透過呼吸、冥想改善心靈，發掘自己與社會的連結⋯⋯能在餐館後院內運動的感覺真的很好，很建議大家來體驗看看。

01 Egg Of The Universe 後院舒適的戶外坐位
02 餐廳所販售的三明治，雖不驚艷但也是中上等級

火車到不了的餐廳就走路去吧（Walk）

Pancakes On The Rocks 的鬆餅、Chat Thai 的奶茶、Yogurberry 的優格冰淇淋、解鄉愁的豪大大雞排……這些美食不容錯過，就算不在火車站附近也一定要去！出站後走 10 多分鐘就能到，真的一點都不遠！

Pancakes On The Rocks 鬆餅店

地址：4 Hickson Rd, The Rocks NSW 2000 ／電話：+61 2 9247 6371 ／網站：pancakesontherocks.com.au ／時間：星期一至星期日 24 小時／交通：從環形碼頭站步行 10 分鐘

Pancakes On The Rocks 位於岩石區（The Rocks），是一間名氣超級響亮的鬆餅店，24 小時不打烊，來雪梨遊玩可千萬別錯過。

Pancakes On The Rocks 的鬆餅用料新鮮、實在，真的超級好吃。這裡除了鬆餅，還提多樣式的餐點，如排餐、沙拉、披薩。無論哪一種分量都蠻大的，吃完一份就會很飽。如果還想點其他餐點，建議共吃喔！

Pancakes On The Rocks 是很多名人來到雪梨都會光顧的店哦！它的招牌鬆餅一點也不甜膩，超級好吃

Chat Thai 泰式餐廳

地址：20 Campbell St, Haymarket NSW 2000 ／電話：+61 2 9247 6371 ／網站：chatthai.com.au ／時間：星期一至星期日 10:00-02:00 ／交通：從中央車站步行 10 分鐘

Chat Thai 在雪梨是一間很受亞洲人歡迎的泰式連鎖料理餐館，只要用餐時刻一到就能看到排隊的人潮，尤其是假日經常要排上好一陣子才會有位置。這間位於中央車站的分店，交通還蠻方便的，從車站走往中國城的方向，大約 10 分鐘就能到。

Chat Thai 的每一道菜可以說都深得我心，我每次去都點不一樣的菜色，每一次都會有不同的美味驚喜，真的非常好吃。不過偷偷的說，我還是覺得在 Thaitown 的總店最厲害。每次和朋友去總店，菜一上桌我們一群人就沒有形象地狼吞虎嚥，以至於總是一張照片都沒拍到。

至於飲料的部分，泰式奶茶絕對必點，喝起來香而不甜膩，奶茶和著漂浮在上面的小碎冰一起入口，口感真是棒級了，跟在台灣喝的泰式奶茶不同，超級推薦！

除了厲害的料理，店內的氣氛也是我很喜歡來這用餐的原因。Chat Thai 永遠洋溢著熱鬧歡樂的氣氛，店員看起來忙得很開心，而每位客人則是吃得很滿足。

01 隨便點都好吃的 Chat Thai 餐點
02 Chat Thai 的泰式奶茶是我必點的飲料

 ## Hot Star Large Fried Chicken 豪大大雞排

地址：96 Liverpool St, Sydney NSW 2000 ／電話：+61 2 9211 1808 ／網站：hotstarchicken.com.au
時間：星期日至星期四 10:30-00:30；星期五和星期六 10:30-02:30 ／交通：從中央車站步行 10 分鐘

Hot Star Large Fried Chicken 就是鼎鼎大名的豪大大雞排，在雪梨市中心 George St 和 Liverpool St 交叉口，從中央車站走過來只需要約莫 10 分鐘。想必不用多加介紹，在台灣的大家都很熟悉。只是想和大家分享，當想念台灣好吃的雞排時在雪梨也能買得到。

豪大大雞排在雪梨有迅速展店的趨勢

Yogurberry 優格冰淇淋店

網站：yogurberry.com.au

Yogurberry 是一間連鎖的自助式優格冰淇淋專賣店。店家會標示清楚杯子的自取位置，在冰淇淋機器上也會貼上各種口味的圖片方便消費者辨識和挑選。另外，櫃檯裡面有各式各樣的零食、餅乾、巧克力可以當佐料，加不加都可以，因為是秤重算錢的。

Yogurberry 店內氣氛活潑輕鬆

Yogurberry 目前在雪梨有 11 間分店，只要是在熱鬧的區域幾乎都可以看到它。所以每次到了市中心，我都忍不住進去壓一杯冰淇淋吃，最喜歡原味和芋頭口味。

對了，Yogurberry 有一個很貼心的服務，你可以把想嘗試的口味告訴店員，他們會拿專門試吃的小杯子給你壓一點吃吃看。

La Rosa The Strand 義大利餐廳

地址：The Strand Arcade, 133/193 Pitt St, Sydney NSW 2000 ／電話：+61 2 9223 1674 ／網站：larosathestrand.com.au ／時間：星期一至星期六 12:00-22:00 ／交通：從維多利亞女王大廈出發，步行 3 分鐘

La Rosa The Strand 是在 The Strand Arcade 最頂層的義大利餐廳，距離維多利亞女王大廈（QVB）很近，走路大約 3 分鐘就到。

La Rosa The Strand 是一間燈光美、氣氛佳、料理棒的店，主廚很用心，各種食材的搭配讓人驚豔。

與大家分享一件說出來有點害羞的事，有次我在這裡點了義大利麵，送來時心想：好小一盤，之後才發現盤子中間很深，最後吃得好飽好滿足！

01 生蠔套餐，非常新鮮美味的海鮮料理
02 口齒留香的美味義大利麵

The Strand Arcade

The Strand Arcade 是一棟很美的百貨公司，就在維多利亞女王大廈（QVB）不遠處，走路只需 3 分鐘。我很喜歡商場內富有設計感的商品，尤其是最頂層，每每逛一圈總是獲得很多刺激和意外的收獲。

The Strand Arcade

地址：412-414 George St, Sydney NSW 2000
電話：+61 2 9265 6800
網站：strandarcade.com.au
時間：星期一至星期三 & 星期五 09:00-17:30；星期四 09:00-21:00；星期六 09:00-16:00；星期日
　　　11:00-16:00
交通：從維多利亞女王大廈出發，步行 3 分鐘

01 百貨公司內部裝潢　　　　　**03** 頂樓，陽光灑下讓百貨公司擁有不同的美麗面貌
02 The Strand Arcade 百貨公司　**04** 百貨公司大門

火車到不了的餐廳就走路去吧

Hungry Jacks 速食店

網站：hungryjacks.com.au

　　Hungry Jacks 是源自於美國的跨國連鎖平價速食店，售價比麥當勞還便宜一些。

　　其實，Hungry Jacks 就是大家熟悉的 Burger King，但早在 Burger King 將觸角伸及澳洲之前，已有當地外賣店把這個名稱註冊起來，所以 Burger King 在澳洲才用 Hungry Jacks 這個名稱經營著。

　　特別提醒一下大家，Hungry Jacks 有 APP 可以下載，點餐時可以搖一搖抽個獎，有時會抽到免費的點心和飲料呢！

Hungry Jacks 在澳洲有 390 間以上的分店

Grill'd Burger 漢堡店

網站：grilld.com.au

　　Grill'd Burger 是一間漢堡店，有全澳洲最好吃的連鎖漢堡店的美譽。我只要問當地朋友哪一間速食店的漢堡最好吃，大家的答案都是：Grill'd Burger，它真的很受當地人的推崇！

　　既然朋友們都如此推薦，我當然一定要來嚐嚐。可是當時因為我想多嚐些口味，所以點了迷你小漢堡套餐，反而吃不出它美味的感覺，實在可惜。

　　我想當地人會這麼喜歡一定是有原因的，還是很建議大家去吃吃看。喔，對了，記得要點大漢堡！

Grill'd Burger 有牛、羊、雞、豬、蔬菜等各種口味的漢堡

Max Brenner Chocolate Bar 巧克力甜點店

網站：maxbrenner.com.au

　　Max Brenner Chocolate Bar 是一間跨國連鎖巧克力甜點店。熱愛咖啡的我，來到 Max Brenner Chocolate Bar 時，忍住了喝咖啡的衝動，應景的點了一杯巧克力。喝下第一口之後，我立刻覺得自己真是做了個很對的決定，巧克力濃郁的口感，甜而不膩，完全是出乎意料的味覺享受。

　　Max Brenner Chocolate Bar 的巧克力，暖了我的口，也暖了我的心，讓人想要趕快再喝下一口！

Max Brenner Chocolate Bar 的巧克力真的很值得一試

Lindt Chocolate Café

網站：lindt.com.au

　　Lindt Chocolate Café 是一間舉世聞名的巧克力咖啡連鎖店，分店遍布全球各處，喜好者相當多。記得有一年到澳洲當地的朋友家過聖誕節時，就收到 Lindt 的巧克力當禮物。

Lindt Chocolate Café 的摩卡咖啡大推

　　Lindt 的巧克力超級有名，就連在各大超市都可以買的到。除了巧克力之外，我覺得它的摩卡咖啡也相當好喝，尤其咖啡搭配著很棒的 Lindt 巧克力，入喉平順有餘韻，是很有深度的咖啡。

後記

雪梨市集懶人包

岩石區市集

雪梨最有名氣的市集——岩石區市集 The Rocks Markets，不論對當地人或觀光客而言，都是必到的景點

有很多設計師手作商品，包括珠寶、紡織品、藝術品、攝影作品、創意手工藝品、版畫等，商品獨特很適合當伴手禮。

帕迪市集

雪梨規模數一數二的市集——帕迪市集 Paddy's Market，在市中心的中國城和弗萊明頓站都各有一個。

平價是帕迪市集的特色。商品的品質雖然不及精品，但不至於太差，是可以接受的。商品項目眾多，足以逛上半天的時間。

邦代市集

雪梨高人氣海灘市集——邦代市集 Bondi Markets。邦代市集就在著名的邦代海灘旁，感覺像是海灘嘉年華會。

商品品項不少，飾品、手工包包、創意品、二手商品、服飾、餐飲都有。由於攤位是不固定的賣方承租，所以每次去看到的商品，略有不同。

帕丁頓市集

雪梨為了鼓勵當地設計師而成立的市集——帕丁頓市集 Paddington Markets。充滿藝術家的手工藝品和設計師的作品。

雖然市集沒有很大，但氣氛很好，在這裡可以找尋到高質感商品，且是帕丁頓市集獨有的，你絕對不會在購物中心發現。

格利伯市集

雪梨有廣大草坪的市集——格利伯市集 Glebe Markets。格利伯市集有一大片寬廣的草坪，供民眾放鬆，還可以隨地就坐聽聽現場樂隊表演

這邊就像是個大寶藏，藝術品、二手復古商品、手工設計品、服飾、皮革、飾品還有好吃的各種美食如沙拉、餅乾、蛋糕等。每週都會有不同的驚喜。

★ 帕丁頓市集和格利伯市集的圖片是該區街景圖

Cherrybrook（櫻桃小溪）

位於雪梨西北部的櫻桃小溪（Cherrybrook），是個寧靜的小鎮住宅區。這裡沒太多店家，居住環境單純，整體感覺讓人舒服，雖談不上是高級住宅區，但也是公認的好區域。

櫻桃小溪目前還沒有火車站，但已經在建設中，從火車路線圖上就看得出來喔！未來，將會有一條線從 T1 線的 Epping 延伸出，而櫻桃小溪就在那條線的第一站。

在雪梨的兩年，櫻桃小溪是我居住的地方，也是我工作的地方，我對這裡有著濃濃的思念。有朝一日，我一定還會再回去看看她，看看大家。

這是我在雪梨的住家

國家圖書館出版品預行編目資料

搭火車玩雪梨 : 8條市鐵線自遊筆記 / 蕭婷瑋文.
-- 初版. -- 臺北市：華成圖書，2019.05
  面；　公分. --（自主行系列；B6215）
ISBN 978-986-192-346-8（平裝）

1. 火車旅行 2. 自助旅行 3. 澳大利亞雪梨

771.7519   108004158

自主行系列　　B6215

搭火車玩雪梨 *8* 條市鐵線自遊筆記

作　　者／蕭婷瑋

出版發行／ 華杏出版機構

華成圖書出版股份有限公司
華成官網 www.far-reaching.com.tw
11493台北市內湖區洲子街72號5樓（愛丁堡科技中心）
戶　　名　　華成圖書出版股份有限公司
郵政劃撥　　19590886
華成信箱　　huacheng@email.farseeing.com.tw
電　　話　　02-27975050
傳　　真　　02-87972007
華成創辦人　　郭麗群
發 行 人　　蕭聿雯
總 經 理　　蕭紹宏
主　　編　　王國華
特約編輯　　發言平台創意整合有限公司
特約美術設計　　吳欣樺
美術設計　　陳秋霞
印務主任　　何麗英
法律顧問　　蕭雄淋
華杏官網　　www.farseeing.com.tw
華杏營業部　　adm@email.farseeing.com.tw

定　　價／以封底定價為準
出版印刷／2019年5月初版1刷

總 經 銷／知己圖書股份有限公司
　　　　　台中市工業區30路1號　　電話 04-23595819　　傳真 04-23597123

讀者線上回函
您的寶貴意見
華成好書養分